UNIVERSITÉ DE FRANCE — FACULTÉ DE DROIT DE LYON

DE LA NOVATION

THÈSE
POUR LE DOCTORAT

PRÉSENTÉE PAR

Georges d'AUFERVILLE

Avocat à la Cour d'appel.

IMPRIMERIE GÉNÉRALE DE LYON
Rue Condé, 30

1882

DE LA NOVATION

THÈSE

POUR LE DOCTORAT

FACULTÉ DE DROIT DE LYON

MM. CAILLEMER ✳, doyen, professeur de Code civil.
MABIRE, professeur de Code civil.
GARRAUD, professeur de Droit criminel.
APPLETON, professeur de Droit romain.
FLURER, professeur de Droit civil.
THALLER, professeur de Droit commercial.
ROUGIER, professeur d'Economie politique.
ENOU, professeur de Droit administratif.
AUDIBERT, professeur de Droit romain.
HANOTEAU, professeur de Procédure civile.
COHENDY, agrégé, chargé du cours de Droit international privé.
LESEUR, agrégé, chargé du cours d'Histoire générale du Droit.
SAUZET, agrégé, chargé du cours de Législation industrielle.
BECQ, secrétaire, agent comptable.

MM. MABIRE, *Président.*
CAILLEMER, *doyen.*
APPLETON,
FLURER, } *suffragants.*
HANOTEAU,

DE LA NOVATION

THÈSE

POUR LE DOCTORAT

PRÉSENTÉE PAR

Georges d'AUFERVILLE

Avocat à la Cour d'appel.

IMPRIMERIE GÉNÉRALE DE LYON

Rue Condé, 30.

1882

Proximis et Carissimis

DROIT ROMAIN

DE LA NOVATION

INTRODUCTION

§ Ier.

Caractère général et utilité de la novation.

Avant de pénétrer dans l'étude d'une institution juridique, surtout d'une institution ancienne dont des traces seules ont survécu dans notre droit, il est d'une importance capitale d'en donner préalablement, et antérieurement à tout autre travail, un exposé aussi net que possible. Plus difficile et plus compliquée est la matière, plus claire aussi et plus simple doit être aussi l'idée qu'on s'en fait. Ce n'est qu'après une première vue d'ensemble précise que l'on peut aborder les détails et décomposer le tout.

Gaius, qui consacre à la novation les §§ 176 à 179 du commentaire III de ses Instituts, nous en donne tout

d'abord la définition ou, pour mieux dire, un exemple :
« *Prœterea novatione tollitur obligatio, veluti si quod*
« *tu mihi debeas a Titio dari stipulatus sim.* » Cette
définition sur laquelle M. Gide (Etude sur la novation (1),
p. 12) s'extasie, a sans doute l'avantage de fournir à
l'analyse un ensemble des conditions exigées pour la novation, à savoir : 1° une stipulation ; 2° l'adjonction de
quelque élément nouveau ; 3° l'identité d'objet. Mais,
en dépit de ces avantages, je lui préfèrerai de beaucoup
la définition abstraite et concise que donne Ulpien (Dig.,
loi 1, pr., *de novationibus*, XLVI, 2) : « *novatio est prio-*
ris debiti in aliam obligationem vel civilem vel natu-
ralem transfusio atque translatio. » Aussi bien que
la périphrase de Gaius, et d'une manière plus frappante,
cette définition fait ressortir le point capital de la novation romaine, l'identité d'objet, la survie nécessaire de
cet objet, lequel est simplement versé, je dirais presque
transvasé, d'une obligation dans une autre ; ce qui
change, ce qui diffère, c'est le lien de droit, c'est le
moule qui reçoit, qui contient l'objet.

Caractère principal de la novation.

C'est là le caractère distinctif de la novation romaine ;
c'est par là qu'elle se sépare le plus profondément de
notre novation moderne, par laquelle nous désignons
presque toujours un changement d'objet. Ce caractère
distinctif ressort d'ailleurs, ainsi que le fait remarquer
Ulpien dans le fragment que nous venons de citer, du

(1) J'aurai, à chaque pas, l'occasion de citer, dans le cours de cette
étude, cette remarquable monographie. Je me bornerai à indiquer le
nom de l'auteur, avec la désignation de la page.

nom même de *novatio*, qui dérive de *nova obligatio*.

Restreinte à cette fonction, la novation, semble-t-il, n'a jamais dû avoir une action bien étendue ; le nombre des obligations, des liens de droit qui cimentent les rapports des hommes ont beau être en nombre presque illimité, on peut bien souvent n'avoir rien à gagner à leur changement ; le but qui déterminera les parties à nover sera la plupart du temps le désir de changer l'objet de leur obligation, et c'est là précisément ce qu'elles ne pourront faire.

La novation romaine a-t-elle un champ d'action bien étendu ?

A juger, sans doute, cette question d'après nos idées modernes, rien ne paraîtrait plus fondé que cette observation ; mais le caractère spécial des obligations romaines, la diversité de leurs effets, permettent à la novation d'avoir un champ d'action d'une étendue considérable.

Dans trois ordres d'hypothèses notamment on a avantage à stipuler une dette antérieure, c'est-à-dire à transformer une obligation quelconque en obligation verbale. Quelques mots sur chacun de ces cas suffiront à le prouver :

1° Quand on agit contre une personne, à raison d'un contrat non verbal passé avec elle, par exemple, en vertu d'une vente, d'un mandat, il y a obligation pour le demandeur de prouver les faits qui servent de base à son action : l'existence de la vente ou du mandat, la bonne exécution de ses propres obligations à l'égard de son co-contractant, la faute de ce dernier, etc. De là des embarras, des contestations, des retards.

Avantage que présente la novation d'un contrat de vente, de mandat, etc., en un contrat verbal, au point de vue de la preuve.

La stipulation supprime tous ces inconvénients. Portant sa cause en elle-même, se passant de tout acte antérieur qui lui serve de base ou de raison d'être, elle s'impose au juge, du moment qu'elle est régulière, à elle seule et tout entière : plus rien à prouver pour le créancier que l'existence de la stipulation qu'il invoque et qu'il aura dû faire constater par témoins ; cette preuve faite, son droit est dès lors constant et incontestable.

Dans cette hypothèse, le rôle de la novation est donc de donner à une obligation préexistante une forme déterminée, stricte comme le contrat verbal lui-même, qui la rende plus facile à exercer en justice.

Avantage que présente la novation d'une obligation résultant d'une vente, d'un mandat, etc., en une obligation verbale, au point de vue de son extinction.

2° Une obligation née d'une vente, d'un prêt, ne pouvait être éteinte au moyen de l'acceptilation. Ce mode d'extinction, en effet, ne s'applique qu'aux obligations verbales. La novation, transformant l'obligation consensuelle en un contrat verbal, la rend susceptible d'être éteinte par l'acceptilation.

Et ce n'est point là une affaire de mots : aucun mode d'extinction ne remplace l'acceptilation, qui, empruntant à la stipulation sa forme, lni emprunte aussi ses effets et, à son exemple, est à elle-même sa propre cause, dispense par suite le débiteur libéré de faire aucune preuve, et le met à l'abri d'un changement de volonté de la part du créancier, soit que celui-ci veuille ensuite soutenir qu'il n'a agi que par erreur, soit qu'il affirme avoir eu seulement l'intention de donner à son débiteur une quittance authentique et solennelle, qui n'avait aucune raison d'être accordée puisque le paiement, il se fait fort de le prouver, n'a pas eu lieu.

Avantage que présente la novation d'un contrat

3° Enfin, et c'est là notre dernier cas, la novation, en transformant l'obligation consensuelle en obligation verbale, pouvait seule, à l'origine, permettre l'intervention d'une caution, laquelle ne pouvait s'engager qu'en la forme : *idem spondesne ? spondeo ; — idem fidepromittisne ? fidepromitto.* non verbal en contrat verbal au point de vue de l'adjonction d'une caution.

Cette utilité de la novation disparut avec l'introduction de nouvelles formes de cautionnement, introduction déjà réalisée du temps de Gaius.

En dehors du cas où une obligation non verbale est transformée en une obligation verbale, la novation présente encore de l'intérêt. C'est ainsi qu'elle permet d'ajouter ou de retrancher une modalité dans une obligation quelconque. Nous insisterons plus loin sur cette fonction particulière de la novation. — C'est ainsi encore que, suivant quelques auteurs, elle peut servir à transférer une créance ; mais ce point est, à notre avis, des plus contestables, car nous sommes de ceux qui n'admettent point l'aliénation des créances en droit romain. — C'est ainsi enfin qu'elle permet d'éluder le principe qui interdit la représentation à Rome, en transférant au représentant les droits et actions du représenté, sauf à celui-ci à se faire rendre compte. Ce rôle imparfait ne mérite pas de plus amples détails. Avantages divers que présente la novation.

Il va de soi que tout ce qui vient d'être dit et tout ce qui sera dit dans la suite n'a trait qu'à la novation volontaire. Outre que le cadre restreint d'une thèse ne saurait suffire à l'étude de la novation volontaire et de la novation judiciaire, le caractère douteux de celle-ci l'exclut naturellement : nombre d'auteurs, en effet, et leur opinion nous paraît incontestable, se refusent à voir dans la *litis contestatio* une novation ; le caractère original La novation judiciaire n'est pas, à proprement parler, une novation et propre de ce mode d'extinction des obligations étant de s'opérer par le moyen exclusif de la stipulation.

Effet commun de la novation volontaire et de la novation judiciaire.

Le seul rapport qui existe entre ces deux procédés consiste dans l'analogie de leurs effets, tous deux éteignant l'obligation préexistante pour la remplacer par une nouvelle. Mais encore ne peut-on poser cette règle qu'avec une réserve importante : c'est que la novation judiciaire n'éteint jamais les accessoires de la créance (sauf dans l'ancien droit la caution et la solidarité) ; car on ne saurait, en recourant à la justice, rendre sa situation pire (Code, *de fidej. et mand.*, liv. 8; tit. XLI, loi 28).

Justinien d'ailleurs, en abolissant l'effet extinctif de la *litis contestatio*, supprima toute espèce de novation judiciaire.

§ II.

Quand y a-t-il novation ?

De quelles manières peut avoir lieu la novation ?

La novation peut avoir lieu de quatre manières :

1º Par changement de débiteur, sans changement de créancier ;

2º Par changement de créancier, sans changement de débiteur ;

3º Par changement à la fois et de créancier et de débiteur ;

4º Par une modification dans la nature de l'obligation.

De ces quatre modes de novation, les trois premiers

vont être développés sur-le-çhamp ; mais le quatrième, à raison des difficultés qu'il soulève, ne sera étudié que lorsque nous examinerons quel élément nouveau doit contenir la novation.

I

CHANGEMENT DE DÉBITEUR

Ce mode de novation se présente lui-même sous une double face bien distincte.

1° Un nouveau débiteur peut intervenir de lui-même, se présenter de son propre mouvement et s'engager envers le créancier, pourvu toutefois que celui-ci donne son assentiment à cette mutation ; le nouveau débiteur porte alors le nom d'*expromissor*, et son intervention s'appelle *expromissio*. Cette intervention peut, au surplus, être purement officieuse, se produire sans le consentement du débiteur primitif, à son insu, être le résultat spontané de la bonne volonté de l'intervenant. Elle peut même se produire contre le gré du débiteur, quoique cette libération forcée puisse paraître contraire au principe de l'indépendance individuelle ; bon gré mal gré, le premier débiteur sera libéré, le créancier a tout pouvoir et tout droit pour accepter un paiement lui venant de la part d'un tiers. (Dig., *de novat.*, loi 8, § 5.)

La novation par change-ment de débiteur peut se présenter sous forme d'*expromissio*.

2° Toute différente est la seconde hypothèse. Nous n'avons plus un tiers agissant de lui-même ; nous avons un véritable mandataire du débiteur originaire, se présentant, sur son ordre exprès, à l'agrément du créancier, lequel a le droit de le repousser. — C'est cette

La novation par change-ment de débiteur peut se présenter sous forme de délégation.

triple entente qui constitue la novation, laquelle ici reçoit le nom de délégation : « *delegare est vice suâ alium reum dare creditori, vel cui jusserit.* » (Dig., *de novat.*, loi 11.) Observons, du reste, soigneusement que la délégation ne contient pas toujours novation ; ce sont là deux actes juridiques différents qui ont chacun leur domaine à part ; seulement, la délégation peut être l'instrument de la novation.

II

CHANGEMENT DE CRÉANCIER

Novation par changement de créancier. Cette hypothèse, beaucoup plus simple que la précédente, se réduit au cas de délégation : la nouvelle obligation verbale est contractée par le même débiteur envers un nouveau créancier, mais seulement sur l'ordre de l'ancien créancier.

La plupart du temps, ce changement de créancier aura pour but de libérer l'ancien créancier envers le nouveau, dont lui-même se trouvait débiteur ; mais cette libération n'est point un élément nécessaire de la délégation, laquelle peut avoir pour but de parfaire une donation ou de constituer une dot, par exemple.

Ce procédé nous est présenté par Gaius comme un moyen détourné de transporter à autrui le bénéfice d'une créance : « *Opus est ut, jubente me, tu ab eo stipuleris ; quæ res efficit ut a me liberetur et incipiat tibi teneri : quæ dicitur novatio obligationis.* » (Gaius, *Comm.*, liv. II, § 38.)

III

CHANGEMENT DE DÉBITEUR ET DE CRÉANCIER

Nous avons dit plus haut que déléguer c'était « *vice suâ alium reum dare creditori, vel cui jusserit.* » Ces derniers mots prouvent que si un nouveau débiteur intervient, un nouveau créancier peut en même temps se présenter. Dans ce cas, du consentement simultané de toutes les parties en cause, l'obligation changera et de débiteur et de titulaire ; son bénéfice sera transporté sur une autre tête, et sa charge incombera à une autre personne.

Novation par changement de débiteur et de créancier.

---

§ III

Comment s'opère la novation ?

Cette question fondamentale a soulevé entre les interprètes de graves divergences ; non qu'il y ait doute sur le moyen normal par lequel s'accomplit la novation, sur l'acte qui la contient en principe ; mais parce que l'on ne s'entend pas sur la délimitation des procédés propres à nover.

La question se pose de la manière suivante : ne peut-on nover que par stipulation ? ou bien peut-on parvenir au même résultat en recourant au contrat *litteris ?*

Sur la stipulation, pas le moindre doute ; nous approfondirons la matière quand nous traiterons des conditions de la novation.

Mais sur le terrain du contrat *litteris* s'est engagée une lutte acharnée. MM. Ortolan, Demengeat, Labbé, enseignent que les *nomina transcriptitia*, soit *a re in personam*, soit *a persona in personam*, contiennent novation. Et, à première vue, cette doctrine peut sembler incontestable, puisque la *transcriptio a re in personam* change la nature de l'engagement, transforme la dette primitive née d'un mandat, d'une vente, d'une société, en une dette qualifiée *expensum;* et que, d'autre part, la *transcriptio a persona in personam* n'est qu'une délégation, c'est-à-dire une novation par changement de personne.

Mais ces raisonnements spécieux tombent devant une double observation.

En premier lieu, Gaius, si précis, si fidèle, Gaius, qui nous indique si bien les conditions requises pour la novation, Gaius ne dit mot du contrat *litteris* en tant que pouvant opérer novation. (*Comm.* III, §§ 176-178.) Si nous nous reportons au § 128, où il traite du contrat *litteris*, même silence ! — Pas une phrase qui fasse même soupçonner une relation quelconque entre ces deux actes juridiques, que l'on voudrait aujourd'hui assimiler et identifier ? Ce silence est par lui-même assez significatif pour se passer de commentaires.

En second lieu, bien que le contrat *litteris*, en transformant le lien qui existe entre les parties, ou en aboutissant à un changement de personnes, atteigne par le fait les résultats qu'on obtient au moyen de la novation, il les atteint cependant d'une manière toute différente. Non que je veuille faire allusion ici à la forme verbale de la novation, tandis que le contrat *litteris* se forme par des écritures : une différence aussi superficielle qu'une différence de forme ne saurait nous arrêter. C'est dans le fond des choses que se trouve la distinction; et c'est là ce que nous allons nous efforcer d'expliquer.

Quand je stipule de quelqu'un une chose qu'il me doit déjà : *quod ex causâ venditi tu mihi debes, id spondesne ?* quand, dis-je, je stipule en ces termes, une nouvelle obligation naît par la réponse affirmative *spondeo* du débiteur. Cette nouvelle obligation ne saurait coexister avec l'ancienne, puisqu'on ne peut demander qu'une fois le paiement de ce qui vous est dû; l'ancienne obligation disparaît donc; elle s'éteint, et la seconde reste seule. Il y a bien là deux résultats distincts, deux effets différents accomplis : l'extinction d'une obligation et la création d'une nouvelle. Mais où trouver entre ces deux résultats produits un intervalle, une séparation? Décomposez l'opération, vous obtenez deux effets distincts; mais prenez-la dans son ensemble : vous constatez que tout s'est fait du même coup; que, au moment précis où le débiteur a répondu *spondeo*, comme une stipulation ne peut être purement extinctive, une obligation est née, et que, à ce même instant, cette naissance elle-même a donné la mort à l'obligation préexistante : votre acte, dont le résultat est double, a eu un effet instantané.

Mais, en regard de la stipulation, posez le contrat *litteris*, analysez-le. Qu'y trouvez-vous? D'une part, un paiement porté à la colonne de l'*acceptum* par le futur

Différence entre la novation résultant de la stipulation et la novation qui résulterait du contrat *litteris*.

créancier ; d'autre part, un prêt survenu postérieurement et porté par lui à la colonne de l'*expensum*. Le résultat est double encore : une obligation est éteinte ; une nouvelle est créée ; mais quelle différence capitale avec la précédente hypothèse ? Tandis que, dans celle-ci, la consommation du nouvel acte entraîne comme conséquence intrinsèque, inévitable, la ruine du premier, ici, au contraire, les deux faits que nous relevons sont absolument indépendants l'un de l'autre. Peut-on dire, en effet, qu'un prêt soit la conséquence nécessaire d'un paiement ? Vous me payez le prix d'un cheval que je vous ai vendu ; vais-je être contraint par ce paiement de vous prêter sur-le-champ la somme que vous venez de me compter ? Nul n'osera le dire. Loin de là, ces deux actes supposent forcément une double volonté, une entente réciproque des parties. Nous n'avons donc plus là cette *translatio,* cette *transfusio obligationis* qui est inhérente à l'idée de novation ; nous n'avons plus seulement un nouveau moule créé ; nous avons à un moment donné, pendant l'intervalle des deux inscriptions sur le *Codex,* une absence complète d'obligation. Nous commençons par trouver le débiteur libéré, puis de nouveau tenu par un nouveau contrat qui vient d'intervenir postérieurement à la libération, et qui est toujours un contrat de prêt.

C'est là qu'est le vice ; là qu'est le joint subtil mais profond que bien peu ont saisi ; là qu'est l'obstacle insurmontable qui s'oppose à toute novation ; et nous croyons, en l'ayant fait ressortir, avoir suffisamment démontré qu'il n'y a pas novation dans le contrat *lit-*

teris. Nous dirons donc, avec MM. Gide et Accarias, qu'il ne saurait y avoir novation en dehors de la stipulation.

Ces détails préliminaires exposés, et ils étaient indispensables, nous devons aborder l'étude de notre institution juridique elle-même ; et, dans ce travail, les développements historiques nous tracent la marche à suivre.

Nous traiterons d'abord de la novation dans le droi t ancien, tel qu'elle était avec son rigorisme tempéré p ar les modifications prétoriennes.

Dans une seconde partie, nous la retrouverons transformée par Justinien.

La fin de ce travail sera consacrée aux effets de la novation, à la capacité qu'elle requiert, et, sous forme d'appendice, à la stipulation Aquilienne.

PREMIÈRE PARTIE

NOVATION DANS LE DROIT ANCIEN

Celui qui aborderait ce sujet avec des idées préconçues, avec des souvenirs de notre droit actuel, serait assuré de faire fausse route. Il faut bien se dire, avant tout, que, de l'institution telle qu'elle était à son origine première, le nom seul a passé dans notre droit, et que le reste est lettre morte.

Au seuil de cette étude, il faut laisser, sinon toute espérance, bien que la route soit hérissée de difficultés, du moins toute opinion, toute pensée se rattachant à notre législation actuelle. Ce sont les textes de Gaius principalement et le raisonnement qui seront notre fil d'Ariane dans les dédales de ce labyrinthe où, plus que partout ailleurs, on peut l'affirmer, on trouve la subtile logique romaine alliée au formalisme le plus strict.

On peut réduire à quatre les conditions exigées pour la novation romaine. Il faut :

1º Le même objet.

2º Un élément nouveau.

3º Une stipulation.

4º Une dette à éteindre.

---

§ Iᵉʳ

Identité d'objet.

Ce caractère, qui doit être présenté le premier parce qu'il est le plus important, est à coup sûr ce qu'il y a de plus original dans la novation romaine ; à ce point que beaucoup d'auteurs se sont refusés à l'admettre, et que l'autorité des Cujas et des Pothier n'a pu triompher de leur dissidence. Cette particularité est pourtant un fait acquis, incontestable.

Outre qu'on peut le prouver, comme le fait observer M. Gide (p. 118), par le silence même des auteurs romains sur la novation par changement d'objet, on peut encore le démontrer, et bien plus affirmativement, par l'examen des textes.

1º Gaius (*Comm.* III, § 176) définissant la novation dit : « *novatione tollitur obligatio, veluti si quod tu mihi debeas, a Titio stipulatus sim.* » Dans le même paragraphe, on trouve l'expression *rcm amitto*, dans le § 179, les mots *res petitur, res perit* ; et cette manière de s'exprimer est caractéristique, Gaius ne supposant point deux choses que l'on échange l'une contre l'autre, mais bien une même *res*, un objet unique, passant successivement par le moule de plusieurs obligations différentes,

2° La loi 4 (Dig. *de novat.*) présente un intérêt tout spécial ; on y trouve l'impossibilité du changement d'objet manifestée avec une telle évidence qu'une analyse approfondie est indispensable :

« *Si ususfructus debitorem meum delegavero tibi, non novetur obligatio mea ; quamvis exceptione doli vel in factum tutus debeat esse adversus me is, qui delegatus fuerit ; et non solum donec manet ejus ususfructus, cui delegavi ; sed etiam post interitum ejus videbimus ; quia etiam hoc incommodum sentit, si post mortem meam maneat ei ususfructus, et hœc eadem dicenda sunt in qualibet obligatione personœ cohœrenti.* »

Voici l'explication de cette loi :

Primus doit à *Secundus* l'usufruit du fonds Cornélien, que *Secundus* lui-même doit à *Tertius*. — *Primus* offre, pour s'acquitter, cet usufruit à *Secundus*, qui, pour plus de simplicité, le délègue à *Tertius*, lequel stipule : *usumfructum fundi Corneliani mihi spondesne ?* — Telle est l'hypothèse prévue par notre texte.

Eh bien ! les choses s'étant ainsi passées, qu'en résulte-t-il ? — Il y a eu novation, répondra-t-on sans hésiter ; toutes les conditions requises sont réunies. — Et pourtant *non novetur obligatio*, nous dit Ulpien. Non, *Primus* n'aura pas nové son obligation ; seulement, au lieu d'un créancier, il en aura désormais deux. Sa dette aura doublé, car, en stipulant, *Tertius* a acquis un droit immédiat ; et, d'autre part, la novation ne s'étant pas produite, *Secundus* a conservé intacte sa créance.

Et ce résultat se justifie très-bien pour qui regarde au fond des choses, car il ne faut point se fier aux apparences, et croire que, parce que *Secundus* et *Tertius* ont stipulé tous deux l'usufruit du fonds Cornélien, ils ont stipulé *idem debitum*. La valeur de l'usufruit varie, en effet, avec chaque usufruitier. Un usufruitier de vingt ans n'aura-t-il pas plus longtemps à jouir de son droit qu'un octogénaire ? Et s'il cédait l'exercice de son droit, l'acquéreur ne le lui paierait-il pas le triple ou le quadruple de ce qu'il donnerait au second ?

L'argument est subtil, mais frappant d'évidence, et c'est cette subtilité même qui me faisait dire de la loi 4 qu'elle était capitale en notre matière. Si, en effet, l'on voit les jurisconsultes romains refuser de tolérer même un changement si minime dans l'objet de la novation, n'est-on pas en droit de se dire que cette règle ne souffrait aucune restriction, n'admettait aucune réserve ?

A peine aurait-on besoin d'autres textes. Cependant une étude consciencieuse nous prescrit d'en donner un aperçu.

3° Loi 8, § 4 ; loi 26 ; loi 32 (Dig. *de novat.*). Ces textes, bien que ne supposant pas tous absolument la même espèce, se rapportent cependant tous trois au cas où, une double obligation ayant été contractée envers une personne, soit par un seul et même débiteur, soit par deux débiteurs distincts, le créancier stipule d'un tiers sous forme alternative : Titius, qui est créancier de l'esclave Stichus *et* de cent sesterces, stipule Stichus *ou* cent sesterces. Y avait-il dans ce cas novation ? Non, disaient Celse et Ulpien : « *neutrum novetur ;* » et ils le soutenaient en disant que la novation, n'ayant porté que sur l'une des deux choses, ne pouvait avoir nové les deux dettes. Paul, au contraire, disait : « *utrumque in posteriorem deducitur obligationem.* »

Nous n'avons point la prétention de trancher un semblable différend, il nous suffit d'avoir montré, par ce texte, que les plus éminents jurisconsultes de Rome sont unanimes à affirmer qu'on ne peut, par la novation, devenir créancier d'autre chose que de ce qu'on comprend dans sa stipulation.

4° Loi 91, § 6 ; Dig., *de verb. oblig.* liv. 45 ; tit. I.

Ce texte suppose que l'esclave *Stichus,* qui m'était dû, vient à périr par la faute de mon débiteur. Ma créance ne change pas, par suite de ce fait, d'objet. Mon débiteur est toujours tenu envers moi ; je puis le poursuivre comme si Stichus vivait encore. Ces faits posés, Paul se demande si le créancier pourra nover sa créance, et il s'exprime ainsi : « *novari autem an possit hæc obligatio dubitationis est, quia neque hominem qui non est, neque pecuniam quæ non debetur, stipulari possumus.* » Il y a lieu de douter, dit-il, car comment vous y prendrez-vous ? Stipulerez-vous *Stichus ?* Mais il n'existe plus, il a péri. Stipulerez-vous sa valeur pécuniaire ? Mais alors vous stipulerez une chose *quœ non debetur*, une chose autre que celle qui vous était due antérieurement, car ce n'est pas à la valeur de *Stichus* que vous aviez droit; c'était à *Stichus* même; et vous ne pouvez, dans la stipulation faite *novandi causa*, changer l'objet de votre obligation.

Cependant, nous voyons Paul, après avoir bien posé les principes, se décider affirmativement et conclure à la possibilité de la novation. Cette doctrine qu'on retrouve encore dans la loi 28 (Dig., *de novat.*) résulte de l'influence exercée par l'équité sur le rigorisme formaliste. Ces idées apparaîtront plus claires quand nous en serons arrivés à l'époque de Justinien, et que nous examinerons les effets de l'intention en matière de novation. .

5° Enfin, je citerai la loi 1 (Dig., *de novat.*), que j'ai déjà rapportée plus haut : « *novatio est prioris debiti in aliam obligationem translatio atque transfusio ;* » texte dont les termes prouvent bien que l'obligation reste la même, qu'elle ne fait, je le répète, que changer, pour ainsi dire, de moule.

L'identité d'objet était donc, je pense l'avoir suffisamment démontré, indispensable à la validité de la novation. Les quelques exemples que nous avons cités permettront de juger des difficultés que soulevait, dans la pratique, une semblable exigence.

Aussi, de bonne heure, la sollicitude du préteur fut-elle éveillée. Nous en trouvons la trace dans la loi 4 (Dig., *de novat.*) que nous avons expliquée, et où il est montré comment la règle en question s'oppose à la délégation d'une *créance* d'usufruit. Ulpien nous dit, en terminant, que cette iniquité est réparée par l'intervention du préteur au moyen de ses procédés ordinaires, c'est-à-dire par l'exception de dol ou l'exception *in factum* dont il armera le débiteur d'usufruit qui, sur l'ordre du créancier; aura promis cet usufruit à une autre personne, et qui se trouvera ensuite menacé de poursuites par le créancier antérieur. Cette exception corrige les inconvénients de la règle d'une manière absolue ; car, non content de la donner au débiteur tant qu'il sert l'usufruit au délégataire, le préteur la lui accorde même après la mort de celui-ci, dans le cas où le délégant réclamerait son ancienne créance.

Quels ont été les progrès successifs faits par la jurisprudence dans cette voie ouverte par l'équité prétorienne, et élargie par une Constitution de Dioclétien qui forme la loi 10, au Code (*si cert. pet.*, liv. iv, tit. 2); c'est ce que nous verrons à l'époque de Justinien, où nous trouverons de graves modifications apportées à l'ancienne législation.

§ II

Existence d'un élément nouveau.

La novation exige l'introduction d'un élément nouveau.

Cette règle est exprimée dans les Instituts de Gaius (*Comm.* iii, § 177) et dans les Instituts de Justinien (liv. iii; tit. 29, § 3), dans les termes suivants : « *ita demum novatio fit, si quid in posteriore novatione novi sit.* »

Personne ne l'a donc jamais contestée ; mais on a discuté sa raison d'être.

M. Gide (p. 81 et s.) a trouvé là l'occasion de placer une de ces théories plus ingénieuses et originales que justes dont il a émaillé son ouvrage. Arrivant au même résultat que tous les auteurs, il a préféré prendre un point de départ différent, et, tandis qu'on ne voit, en général, dans la règle qui nous occupe, qu'une interprétation de la volonté des parties, lui y trouve une règle essentiellement et absolument romaine, une règle de droit strict, qui, loin de découler de la volonté présumée des parties, n'est qu'une restriction apportée à cette volonté.

Je ne m'attarderai point à une discussion qui serait vaine, puisque, je l'ai dit, quelque base que l'on adopte, le résultat est le même. Je me bornerai à renvoyer au traité de M. Gide, avec la remarque que, du double argument que le savant professeur apporte à l'appui de sa thèse, le premier est loin d'être concluant, et le second, exact en droit strict, ne l'est pas en fait, car si, en remplaçant une obligation pure et simple par une obligation conditionnelle, les parties veulent opérer une novation immédiate, l'exception de dol leur permettra d'atteindre ce résultat.

Ceci dit, j'aborde sur-le-champ l'exposé de notre sujet.

La règle en question qui, nous le verrons, se combine souvent avec le principe qui veut que l'objet reste le même, est donc, suivant nous, basée sur l'intention des parties ; en ce sens que, si les parties se contentaient simplement de répéter ce qu'elles ont antérieurement stipulé, de refaire leur contrat primitif, sans mo-

L'existence d'un élément nouveau dans la novation est une règle fondée sur l'intention des parties.

dification aucune, elles ne pourraient être censées avoir voulu nover, puisqu'elles auraient nové, dans ce cas, sans but apparent : là loi a pensé, non sans raison, que le premier contrat devait subsister dans son intégralité, plutôt que d'être remplacé par un contrat absolument pareil, substitution qui serait entièrement dépourvue d'intérêt. — La seconde stipulation n'anéantira point la première : elle coexistera avec elle et le débiteur sera doublement obligé par l'une et par l'autre.

Quand y a-t-il introduction d'un élément noúveau ?

Maintenant, quand les parties introduiront-elles dans leur nouveau contrat un élément suffisamment neuf pour motiver la novation ? quand pourra-t-on dire que la modification par elles apportée à leur obligation antérieure justifie, par son importance, une novation opérée ? Ce sont là des points de détail que les textes légaux ne pouvaient trancher un à un, mais sur lesquels ils devaient donner des règles générales, poser, en quelque sorte, des présomptions légales propres à éclairer et à guider le juge. C'est là ce que fit la loi romaine.

Y a-t-il changement de créancier ou de débiteur ? la novation existe évidemment, l'élément nouveau est incontestable. — Mais les parties restent-elles les mêmes ? c'est alors que s'élève la difficulté ; c'est alors qu'il faut poser des présomptions. — Les textes nous en indiquent six, qui, à raison de leur importance et des principes qu'elles mettent en jeu, méritent toute notre attention.

I

CHANGEMENT DE CAUSE

Gaius (*Comm.* III, § 176 et 177), en expliquant de quelles manières s'opère la novation, ne vise que le cas de changement des parties ou de l'une d'elles, ou bien l'hypothèse où une nouvelle modalité est ajoutée à l'obligation ou en est retranchée.

Cette énumération est incomplète ; la lacune consiste en ce que la novation peut se produire sans aucun de ces changements. Gaius se place, en effet, dans l'hypothèse la plus ordinaire, celle où les deux obligations successives (la seconde novant la première) naissent *ex stipulatu,* le contrat *verbis* étant le contrat romain par excellence.

Mais, si la seconde obligation naît nécessairement *ex stipulatu,* puisque la stipulation est la forme unique de la novation, la première, en revanche, peut fort bien avoir une cause différente, naître, par exemple, d'un contrat de bonne foi, tel qu'une vente. On voit alors, la seconde obligation étant verbale, quel immense changement sera apporté à l'obligation, combien gravement seront modifiés les droits du créancier (loi 24, Dig. ; *de pec. constit.*, liv. XIII ; tit. 5).

La novation aura lieu même encore quand la première créance serait sanctionnée par une action *stricti juris,* pourvu que l'obligation ne naisse pas *ex stipulatu.* Ainsi, une créance naissant *ex causâ mutui* sera utilement novée ; le caractère de l'action n'en éprouvera aucune modification; mais le contrat sera changé, et de réel deviendra verbal; ce qui permettra au créancier d'éteindre la dette au moyen de l'acceptilation.

Novation en cas de *mutuum*.

Je ne puis toutefois parler du *mutuum* sans signaler un cas spécial des plus curieux où la novation n'aura paa lieu; je veux parler du cas où le créancier, après avoir fait au débiteur numération des espèces, stipule ensuite immédiatement de lui le remboursement de la somme prêtée. — Ce contrat subséquent de stipulation ne novera pas le contrat réel résultant de la numération. Pourquoi? C'est là le point délicat.

M. Accarias, qui expose la question au n° 588, 3° de son ouvrage, en donne le motif suivant : « Soutenir, dit-il, que cette stipulation tend à nover l'obligation née du prêt, ce serait forcer le créancier qui agit *ex stipulatu* à prouver l'existence de l'obligation antérieure, et, par conséquent, la dation; or, c'est là ce qu'on veut éviter. »

Ce raisonnement, je l'avoue, m'a jeté dans une grande perplexité. Comment! la stipulation, nous le savons, c'est un fait indéniable, la stipulation se suffit à elle-même; une fois établie, elle dispense le créancier de toute autre preuve; à elle s'applique cet axiome fameux du droit des neutres : « le pavillon couvre la marchandise. » Or, dans l'espèce, nous avons un premier contrat, puis une stipulation qui le nove, et l'on nous dit que cette stipulation ne vaudra rien par elle-même; que le créancier, agissant *ex stipulatu,* devra prouver l'existence de l'obligation antérieure ! Mais c'est un barbarisme juridique ! Le créancier *verbis* n'aura rien à prouver que l'existence de la créance née *ex stipulatu*. Par conséquent, l'intention des parties sera parfaitement remplie. Je ne puis donc tirer de cette série de déductions qu'une conclusion : c'est que la novation se produisait, au contraire de ce qu'affirme M. Accarias ; si elle ne se fût pas produite, la stipulation n'eût servi à rien.

On m'oppose la loi 7 (Dig., *de novat.*), texte ainsi conçu : « *Cum enim pecunia mutua data stipulamur, non puto obligationem numeratione nasci, et deinde eam stipulatione novari : quia id agitur ut sola stipulatio teneat ; magis implendæ stipulationis gratiâ numeratio intelligenda est fieri.* »

Voilà un texte formel, me dit-on ; il repousse absolument toute idée de novation.

Sans doute, répondrai-je ; mais qui vous dit que ce texte soit infaillible ? Sans être sceptique en droit romain, j'affirme qu'on ne peut procéder qu'avec une extrême réserve, et que se servir, pour soutenir une théorie, de textes tels que ceux de la compilation justinienne, est une véritable hérésie. — Qu'on s'en rapporte à des auteurs tels que Gaius, dont on est sûr, rien de mieux ; mais l'amalgamme édifié par la commission que présidait Tribonien, ne peut inspirer au jurisconsulte sincère qu'une défiance de chaque minute. Qui nous dit que le texte que nous étudions en ce moment n'a pas été mutilé, façonné pour les besoins de la cause ? Qui nous donne la certitude que Pomponius exprime bien l'opinion de son époque ? Rien. Et c'est de là que je pars pour faire dans notre question une distinction chronologique.

Le raisonnement m'oblige à croire qu'à l'époque classique, la novation, dans notre hypothèse, avait parfaitement lieu. La loi 7 (Dig., *de novat.*) exprime les idées de l'époque impériale. Dès le troisième siècle, en effet, l'introduction de l'exception *non numeratœ pecuniœ* avait dû réagir profondément sur l'ancienne théorie et la bouleverser de fond en comble. Si l'on eût continué à admettre la novation dans le cas de numération d'espèces suivie de stipulation, on eût rendu inefficace, dépourvue de tout moyen d'action, cette exception *non numeratœ pecuniœ*. La stipulation se passant de cause, on n'avait pas à examiner si elle avait été faite à la suite d'un prêt, ou si elle avait sa source dans une vente ; elle existait, cela suffisait : le débiteur ne pouvait renvoyer au créancier la preuve de la numération des espèces, puisque cette numération n'était pas en jeu. — Il fallait donc supprimer la novation et approprier les choses aux nouvelles conditions requises. Or, si l'on veut bien attentivement examiner la loi 7 (Dig., *de novat.*), on se rendra facilement compte du mécanisme nouveau qu'elle introduit. Voici désormais comment les choses se passeront :

La personne qui veut obtenir dans la suite le remboursement de l'argent prêté, plus facilement qu'elle ne l'obtiendrait par la *condictio ex mutuo*, stipule cet argent du débiteur. Celui-ci répond à la stipulation. A l'époque de l'échéance, le créancier l'actionne *ex stipulatu*, le débiteur sera-t-il forcément tenu? l'exception *non numeratœ pecuniœ* lui sera-t-elle interdite ? Point du tout. C'est ce que nous dit la fin de notre loi 7, avec une finesse qu'appréciera une délicate analyse : « *magis implendæ stipulationis gratiâ numeratio intelligenda est fieri.* » Traduisons fidèlement, et nous lisons : la numération des espèces n'intervient qu'à l'effet de permettre à la stipulation d'être parfaite. — Par conséquent, pas de numération, pas de stipulation ; et le débiteur actionné dira au créancier : vous ne m'avez pas versé l'argent, votre stipulation n'existe donc pas, prouvez-moi que les espèces m'ont été comptées, et je vous paierai.

Tel est le résultat final de consciencieuses recherches. En ne se laissant guider dans cette théorie que par la logique et la stricte interprétation des textes, on en arrive à constater une dérogation qui me semble indéniable, aux règles ordinaires de la stipulation et de la novation.

Si je me suis étendu un peu longuement sur cette question de détail, c'est que j'y ai vu une étude attachante des principes fondamentaux du mode d'extinction des obligations dont j'ai entrepris l'exposé, en m'efforçant surtout, vu l'étendue du sujet, d'en dégager les bases juridiques.

II

ADJONCTION D'UN TERME.

Nous avons supposé, dans le numéro précédent, que la seconde obligation seule était verbale. Désormais, dans les hypothèses qu'il nous reste encore à envisager, nous supposerons que l'obligation à éteindre résulte elle-même d'une stipulation. Cette communauté d'ori-

gine des deux obligations facilitera l'exposé des difficultés que nous rencontrerons sur notre route, principalement en matière de novation conditionnelle.

L'adjonction d'un terme opère novation.

Le créancier qui *adjicit diem* (Gaius, *Comm.* III,
§ 177) se propose d'accorder un terme à son débiteur, de
lui donner des délais pour acquitter sa dette.

Quand cette concession se fait par stipulation, il y a
novation opérée (loi 8, § 1 ; Dig., *de novat.*). En effet, le
droit qui résulte de cette stipulation, le droit qu'elle a
fait naître, existe immédiatement ; son exécution est
retardée, sans doute, par l'apposition du terme ; mais il
n'en est pas moins vrai que cette exécution aura lieu
fatalement un jour ou l'autre, lors de l'arrivée du terme.
Par conséquent, le droit a un caractère de certitude qui
lui attribue l'existence la plus pleine dès le moment de
sa naissance.

Et, remarquons-le bien, car le contraire a lieu pour
la condition, la novation elle-même n'est point affectée
par le terme ; elle ne se produira pas au jour fixé pour
le paiement de la dette ; elle est toute produite, et cela
précisément à raison de la certitude du droit créé par
la stipulation.

J'ai dit qu'il y a novation quand le terme est concédé
par le moyen d'une stipulation. D'une part, en effet, le
contrat *verbis* est seul capable d'opérer novation ; et,
d'autre part, le terme peut être accordé au débiteur au

Il n'y a pas novation quand le terme est concédé par un simple pacte de non petendo intra tempus.

moyen d'un simple pacte *de non petendo intra tempus*,
seulement ce dernier mode n'engendre qu'une exception
(Gaius, *Comm.* IV, § 122). Dans la majorité des cas, on
recourra à la stipulation, par la vertu de laquelle la
concession du terme opèrera *ipso jure.*

III

RETRANCHEMENT D'UN TERME.

Cette hypothèse est l'inverse de la précédente. Dans celle-ci, l'obligation pure et simple devenait à terme ; ici, au contraire, l'obligation dont l'exigibilité était retardée [par un terme devient pure et simple. Dans la première, le créancier, accordant les délais, jouait le principal rôle ; ici, au contraire, le débiteur est en première ligne (je parle de ce qui arrive le plus ordinairement, d'après la règle : *videtur dies pro reo esse, non pro creditore*), car c'est lui qui renonce à la latitude qui lui avait été donnée pour se libérer.

Notre espèce est donc celle où un débiteur à terme consent à la suppression de ce terme. Ici encore, quand le créancier, en vertu de ce consentement, stipule purement et simplement ce qui lui est dû, il y a novation opérée ; et à plus forte raison même que dans le cas précédent, puisque l'obligation devient exigible au moment précis où elle naît (loi 5, Dig., *de novat.*).

Le retranchement d'un terme opère novation.

Seulement, remarquons que, dans l'hypothèse présente, on sera toujours obligé de recourir à une stipulation, et, par conséquent, toujours il y aura novation. Recourir, en effet, à un pacte *de petendo* ne serait d'aucune utilité au créancier, puisqu'une action ne se fonde pas sur un pacte, et que, pour obtenir paiement, il faut forcément actionner le débiteur.

IV

ADJONCTION D'UNE CONDITION.

Nous abordons, avec ce quatrième cas, une des théories les plus intéressantes de la novation ; car la règle qui veut que la condition, en matière d'obligations, suspende l'existence même de l'obligation, se combine avec le principe en vertu duquel il n'y a novation que s'il intervient, pour remplacer l'obligation qu'on se propose d'éteindre, un nouveau contrat formé *verbis* et valable.

Quand y a-t-il novation dans le cas d'adjonction d'une condition à une dette pure et simple ?

Nous sommes donc en présence d'une obligation pure et simple que les parties se proposent de subordonner à l'arrivée d'une condition, c'est-à-dire d'un événement futur et incertain ; et, d'une manière générale, je déterminerai les effets produits par cette modification, au moyen de la formule suivante, que j'emprunterai à M. Accarias : « Pour que la novation se réalise, il faut que la condition arrive, et qu'au moment de son arrivée, la chose due existe encore. »

Pour la démonstration de cette proposition, je diviserai ce chapitre en trois articles.

ARTICLE PREMIER

La condition est en suspens.

Primus doit cent à *Secundus* purement et simplement. Ils conviennent par stipulation qu'il ne les paiera que si *Tertius* est nommé consul.

Les choses étant en l'état, qu'y a-t-il de produit? — Il y a, comme résultat, une obligation pure et simple, éteinte et remplacée par une stipulation conditionnelle, c'est-à-dire dépendant de la réalisation ou de la non-réalisation d'un événement futur et incertain.

Supposons, au contraire, que *Primus* doive cent à *Secundus* purement et simplement, et que *Secundus* stipule ces cent de *Tertius* sous la condition « si *Quartus* est nommé consul. »

Qu'y a-t-il de produit? Tout autre chose que dans le cas précédent. Nous avons une obligation pure et simple qui existe toujours ; et à côté, un nouveau contrat formé *verbis,* qui est conditionnel. — L'événement se réalise-t-il? Ce dernier contrat subsistera seul. Manque-t-il de se produire ? La première obligation survit intégralement.

Je démontrerai ces résultats en détail dans les articles suivants. Pour le moment, qu'on veuille bien partir de ces données, en les tenant pour certaines, et qu'on veuille bien, ce point de départ admis, envisager les effets produits par la novation conditionnelle.

Au premier abord, il semble impossible de donner une réponse générale, puisque, dans les deux exemples cités, les effets diffèrent.

Mais une telle idée serait une erreur. La novation conditionnelle produit toujours un double effet :

1° De l'avis général, elle équivaut à la concession d'un terme incertain au débiteur. Dans les deux cas, en effet, le droit du créancier est inconnu : la condition se réalisera-t-elle? Tout dépend de là ; et jusqu'à ce moment psychologique, son droit demeure suspendu, soit qu'il doive s'éteindre, soit qu'il doive subsister tel quel, soit enfin qu'il doive s'imposer à une autre personne (loi 36, *de rebus creditis*, Dig., liv. XII, tit. I). — Par conséquent, s'il agit, il sera repoussé pour cause de *plus petitio*, car le droit conditionnel n'a pas d'existence certaine ; quitte pour lui à réclamer de nouveau plus tard, s'il le peut. Par conséquent encore, le débiteur qui a payé par erreur aura la ressource de la *condictio indebiti* (loi 60, § 1, *de condictione indebiti*, Dig., liv. XII, tit. 6) ; et il l'aura dans tous les cas, bien que ce texte ne la lui accorde qu'au cas où il y a eu novation *inter diversas personas*. En effet, même quand il y a eu novation *inter easdem personas*, si la condition défaille, le débiteur a une exception pour repousser le créancier, il ne lui doit donc rien ; et s'il a payé, il peut recourir à la *condictio indebiti*. (Gaius, *Comm.* III, § 179.)

La novation conditionnelle purge-t-elle la demeure du débiteur ?

2º Un second effet de la novation conditionnelle a été contesté : nous voulons parler de la purge de la demeure du débiteur, purge qu'elle opère suivant les uns et n'opère pas suivant les autres, parmi lesquels on compte Venuleius et Julien.

Venuleius et Julien pensent que la novation conditionnelle ne purge pas la demeure du débiteur.

Avant de discuter l'exactitude de la doctrine de ces deux jurisconsultes, il est intéressant d'en donner un exposé un peu détaillé.

Tous deux sont partisans déterminés du principe : la novation conditionnelle ne purge point la demeure du débiteur. Mais, ainsi qu'il arrive souvent, partant l'un et l'autre du même point, ils arrivent à des résultats diamétralement opposés.

Venuleius (Dig., loi 31, pr. de novat.) exposant dans un texte fort clair ses idées sur la question, suit une marche rigoureusement logique. Voici, selon lui, comment se passent les choses : — Primus, le débiteur, doit un esclave ; son créancier le met en demeure. A compter de ce moment, quoi qu'il arrive, quand bien même l'esclave périrait par cas fortuit, Primus sera toujours tenu : c'est l'effet de la mise en demeure. — Les choses étant en l'état, le créancier stipule conditionnellement de Primus le même esclave ; puis, avant l'arrivée de la condition, l'esclave meurt. Primus sera-t-il *libéré*? Point du tout, répond Venuleius ; Primus était en demeure ; il devait donc l'esclave ; le créancier a nové cette obligation, sous condition : quand même l'objet a péri, si la condition ne se réalise pas, Primus, ayant été mis en demeure, devra s'exécuter en vertu de la première obligation. — Si, au contraire, la condition se réalise, sa première obligation, éternisée, en quelque sorte, par l'effet de la mise en demeure, se trouvera novée, et il sera tenu en vertu de cette novation. — Tel est le système de Venuleius : je ne l'apprécie pas, je l'expose.

Julien, moins logique, prenant le même exemple, arrive à une solution contraire. (Dig. loi 56, § 8, *de verb. obligat.*, liv. 45, tit. I.) Le débiteur, qui a été mis en demeure, sera toujours tenu quand même l'esclave aura péri. Mais si, postérieurement à cette perte, la condition de la novation se réalise, celle-ci se produira-t-elle ? — Oui, disait Venuleius. Non, répond Julien : il faut que l'objet existe pour que la seconde obligation puisse se former, et dans l'hypothèse présente, l'esclave est mort.

Le débiteur Primus est donc tenu en vertu de la première obligation dès que l'esclave a péri, car, à compter de ce moment, la novation ne peut plus se produire. — Je le répète, étant admis le principe d'où partent les deux auteurs, la solution de Julien paraît moins équitable que celle de Venuleius, car si la mise en demeure perpétue l'obligation, celle-ci est désormais indépendante de son objet, qui peut périr sans qu'elle-même cesse d'exister.

Réfutation de ce système. Reste à examiner le bien fondé de la théorie qui a servi de point de départ aux jurisconsultes dont le système vient d'être développé. C'est en vain que je me suis efforcé de saisir sur quelle base cette théorie était fondée. Aucun argument ne s'est présenté à mon esprit. Et cela par la raison bien simple qu'il y a contradiction entre la *mora* et une stipulation qui, par sa teneur même, accorde au débiteur un délai pour se libérer, puisque tous les jurisconsultes sont d'accord pour reconnaître que la stipulation conditionnelle équivaut à un terme.

Je vais même plus loin. Peut-être le débiteur ne devra-t-il jamais rien, peut-être la condition défaillera-t-elle ? Et ce débiteur qui n'aura rien à payer serait en demeure? Je le répète, tout m'a paru céder devant ce raisonnement, lequel à lui seul établit formellement que la novation conditionnelle purge la demeure du débiteur, s'il y a lieu. Dès lors, le débiteur avec lequel on a nové conditionnellement est déchargé du risque des cas fortuits.

Reprenons notre exemple pour bien éclaircir la question. Je stipule de vous purement et simplement l'esclave

Stichus, puis je vous mets en demeure de me le payer. Après quoi, par suite d'un accord intervenu entre nous, je stipule de vous conditionnellement ce même esclave Stichus. Sur ces entrefaites, Stichus meurt, et, après son décès, la condition se réalise. Je dis que cette mort vous libère. — Et, en effet, quel pourrait être mon titre de créance ? Ce ne sera pas la seconde stipulation, puisque, au moment où la condition s'en est réalisée, Stichus était mort. Ce ne sera pas davantage ma stipulation primitive, puisque Stichus est mort au moment où mon débiteur n'était plus en demeure, et que cette mort, qui constitue un cas fortuit, l'a libéré. Vous êtes donc bien et définitivement déchargé de votre obligation envers moi ; et l'on voit dès lors quel intérêt présente cet effet de purge opéré par la stipulation conditionnelle, puisque, à son défaut, vous auriez dû me payer la valeur de Stichus, les cas fortuits étant à votre charge par la suite de la *mora.*

Le principe de la purge admis, reste encore à savoir quelle sera au juste son étendue d'application. Marcellus comparait les effets de la stipulation conditionnelle à ce point de vue à ceux qu'aurait produits une offre réelle de paiement (loi 72, § 2, Dig., *de solution.,* liv. XLVI, tit. 3). D'où la conséquence qu'elle ne purgeait la demeure qu'autant que la chose était présente. — L'idée qui m'a servi de point de départ me fait rejeter absolument ce système étroit ; à mon sens, les effets sont identiquement ceux qui résulteraient d'une remise expresse de la demeure faite au débiteur par le créancier ; ce n'est point le débiteur qui offre ; c'est le créancier qui demande de nouveau en une nouvelle forme. J'en conclus qu'on ne peut aucunement rattacher cette opération juridique aux offres réelles de paiement ; et je dirai avec Papinien : « *nec me movet, præsens homo fuerit, nec non ; cum mora quæ eveniebat... veluti quadam delegatione finiatur.* » (Loi 17 Dig., *de condict. furtiva* ; liv. XIII, tit. 1.)

ARTICLE DEUXIÈME.

La condition se réalise.

Nous en sommes restés à une stipulation conditionnelle survenant postérieurement à une stipulation pure et simple. Supposons maintenant que la condition se réalise : *Tertius* est nommé consul.

Dans cette hypothèse, la novation produira son plein et entier effet. — Ai-je stipulé conditionnellement du même débiteur ? Je suis créancier en vertu de ma seconde stipulation. Ai-je stipulé conditionnellement d'un tiers ? C'est à lui que désormais je devrai m'adresser ; le débiteur primitif ne me doit plus rien.

Ces résultats, des plus simples, n'exigent aucune explication.

ARTICLE TROISIÈME.

La condition défaille.

Tertius n'est pas nommé consul. — Comment va se régler la situation réciproque des deux parties ?

Ce point a soulevé une controverse entre les jurisconsultes.

1º *Servius Sulpicius* pensait qu'une stipulation conditionnelle suffisait pour opérer novation immédiate ;
peu importait, selon lui, la réalisation ou la défaillance
de la condition quant au droit du stipulant sur son ancienne créance ; celle-ci était à coup sûr toujours éteinte.
Seulement, si la condition se réalisait, il naissait à son
profit un droit nouveau ; si elle défaillait, au contraire,
il demeurait sans droit aucun.

Tel est son système, présenté par Gaius (*Comm.* III,
§ 179).

On ne saurait l'admettre ; nous allons le démontrer.

Quand on stipule *novandi causa*, on a pour but de substituer une obligation à une autre. Dans le cas de novation conditionnelle, par conséquent, c'est l'obligation
conditionnelle qui vient prendre les lieu et place de
l'obligation pure et simple. Mais, pour prendre la place de
quelque chose, il faut soi-même être quelque chose, avoir
une existence certaine. Et c'est là précisément ce qui fait
défaut à la stipulation conditionnelle ; son existence n'est
que problématique et incertaine ; elle ne peut donc oc-
cuper une place ; la première obligation subsiste donc intacte. — Mais que la condition survienne et s'accom-
plisse ; sur-le-champ la seconde obligation prend corps
et consistance et remplace l'autre, qu'elle anéantit. Voilà
le jeu bien simple qui se produit.

Si donc la condition défaille, jamais la seconde obligation ne prendra vie ; jamais donc la première ne sera
anéantie par elle. C'est pour cela que la doctrine de
Servius Sulpicius est inadmissible ; la stipulation conditionnelle n'est que le néant, et le néant ne saurait
tuer un être juridique.

C'est donc au second système qu'il faut se rallier.

2° Ce second système distingue :

A. — La stipulation conditionnelle est-elle intervenue entre les personnes précédemment unies par le lien d'une stipulation pure et simple ? on présume que ces personnes ont voulu substituer une chance à une certitude ; on leur suppose l'intention de faire un contrat aléatoire. La condition se réalise-t-elle? la créance résultera de la seconde stipulation. Mais défaille-t-elle? un pacte de remise est censé fait au débiteur. Sans doute le créancier pourra l'actionner, mais il devra reculer devant une exception *pacti conventi* ou *doli mali*. (Gaius, *Comm.* iii, § 179.)

Cette interprétation de l'intention des parties, œuvre du préteur, est un premier et important progrès, et ouvre la voix aux réformes de Justinien. Il est permis de croire, sans trop de présomption, qu'elle ne date pas de loin dans l'histoire du droit romain, et qu'avant l'intervention prétorienne, la condition défaillie laissait au créancier son droit primitif.

B. — La stipulation conditionnelle intervient-elle entre le créancier et un tiers autre que le débiteur primitif? Tout change. Les règles strictes du droit se trouvent ici d'accord avec l'intention que l'on doit raisonnablement attribuer aux parties ; il est probable que celles-ci ont voulu que la première obligation s'exécutât dans le cas où la seconde ne se formerait pas, c'est donc ce qui aura lieu. Le créancier, dès la condition défaillie, pourra agir contre son premier débiteur, et cela sans avoir à redouter aucune exception de pacte ni de dol. (Loi 30 Dig., *de pactis* ; liv. II, tit. 14.)

V

RETRANCHEMENT D'UNE CONDITION.

Il s'agit ici, étant donnée une obligation conditionnelle, de la rendre pure et simple.

Un pacte fait dans ce but ne serait d'aucune utilité, puisqu'il ne permettrait pas au créancier d'agir *pendente conditione*. Les parties devront donc recourir à la stipulation. Maintenant, cette stipulation emportera-t-elle novation ? voilà le point à éclaircir.

Ulpien (loi 14, § 1, *de novat.*) s'exprime ainsi : *Si quis, quod sub conditione debetur, pure novandi causa stipuletur, nec nunc quidem statim novat, licet stipulatio pura aliquid egisse videtur ; sed tunc novabit ; quum exstiterit conditio.* D'après ce texte, la stipulation pure et simple intervenue dans le but de nover une dette conditionnelle n'opère pas sur-le-champ novation. Sans doute, elle crée une obligation nouvelle, comme le fait toute stipulation valable et régulière ; mais elle ne nove point ; c'est-à-dire que, bien que créant une obligation, cette stipulation n'en éteint aucune. Et la raison en est bien simple. Une novation exige, en effet, deux dettes existantes simultanément, dont l'une éteint l'autre. Or, cette simultanéité, ce concours ne se rencontrent point dans le cas présent. Nous avons bien une dette créée par la stipulation pure et simple intervenue ; mais la première dette est conditionnelle, par suite incertaine. Ce n'est donc pas, à proprement parler, une dette, puisqu'on ne sait pas si,

Le changement d'une obligation conditionnelle en une obligation pure et simple opère-t-il novation ?

en fin de compte, il y aura quelque chose de dû. Cette dette, n'existant pas, n'a donc pas lieu d'être éteinte. Et voilà pourquoi il n'y a pas novation. La stipulation pure et simple nouvellement conclue donne au créancier le droit d'exiger immédiatement ce qui lui est dû, même la condition vînt-elle sur-le-champ à défaillir, ou fût-elle encore en suspens. Mais il n'y aura novation qu'au moment où la condition, en se réalisant, donnera existence réelle à la première obligation ; à ce moment précis où la dette se formera, elle sera anéantie et remplacée par la dette créée auparavant par la stipulation pure et simple.

VI

ADJONCTION OU SUPPRESSION D'UN *sponsor*

L'adjonction ou la suppression d'un *sponsor* opère-t-elle novation ?

Les modifications capables d'entraîner novation dont il a été question jusqu'à présent sont incontestables et affirmées par tous les textes. Il me reste à exposer un cas prévu par Gaius (*Comm.* III, §§ 177 et 178).

Cet auteur suppose qu'à une dette ordinaire pure et simple on stipule l'adjonction d'un *sponsor*, dans le but d'avoir des garanties plus solides. Vous avez stipulé de *Primus* cent sesterces ; puis vous stipulez ces cent sesterces de *Primus* et de *Secundus* qui intervient comme caution. Gaius déclare que cette adjonction d'un *sponsor* opère novation. Cependant, il prend soin de nous avertir que son opinion, qui est celle de son école, n'a point l'assentiment des Proculiens, lesquels n'admettent point la novation dans ce cas.

On conçoit facilement qu'une question discutée à l'époque classique, et sur laquelle les documents nous font d'ailleurs complètement défaut, soit pour nous un problème insoluble. Chacun en donne une explication différente.

M. Gide (p. 112) apporte à l'opinion sabinienne l'appui de son autorité et de son savoir. Selon lui, la stipulation d'un *sponsor* opère novation, car elle rend incertaine la condamnation du débiteur, puisqu'elle donne au créancier le droit d'actionner à son choix ou ce débiteur ou ce *sponsor*. Le hardi romaniste a vu là un changement suffisant pour que la novation soit admise.

Cette théorie, fort originale sans doute, me paraît prêter largement à la critique et pécher par la base.

Pourquoi y a-t-il novation dans les hypothèses précédemment examinées, dans le cas de changement de cause, d'adjonction ou de suppression de modalité ? Parce que, dans tous ces cas, le droit est changé soit dans sa nature, soit dans son exigibilité ; parce que l'élément nouveau introduit dans l'obligation modifie les relations personnelles du créancier et du débiteur.

Mais, n'en déplaise à M. Gide, quel changement trouve-t-il opéré, dans notre espèce, dans les relations entre le créancier et le débiteur ? Celui-ci n'est pas sûr de payer celui-là ; voilà tout. Mais à quoi cela l'avancera-t-il ? Quel profit en retirera-t-il ? Pour ne pas payer le créancier, il n'en paiera pas moins sa caution, le *sponsor*, qui réclamera son remboursement. — Tout au moins faudrait-il restreindre la novation au cas où le *sponsor* se serait porté tel *donandi animo*, et où, par conséquent,

— 48 —

aucun recours ne lui serait ouvert contre le débiteur dont il a payé la dette. — Mais encore ce point de vue me semblerait-il erroné, puisque, je l'ai dit, il n'y a aucun changement apporté à la nature, à l'élément constitutif du droit lui-même : la cause demeure la même ; l'exigibilité ne reçoit aucune atteinte ; l'existence n'est point révoquée en doute.

Je préfère donc infiniment me rallier à l'opinion absolue confirmant la théorie proculienne, opinion soutenue par la plupart des auteurs. L'adjonction d'un *sponsor* n'opère point novation ; les deux stipulations intervenues entre les parties donnent naissance à deux obligations distinctes qui coexistent ; seulement le créancier qui, ayant obtenu l'exécution de l'une d'elles, voudrait ensuite exiger le paiement de l'autre, sera repoussé par l'exception de dol.

Du reste, l'opinion de Gaius peut s'expliquer de deux manières, exposées par M. Accarias (Précis de droit romain, t. II ; p. 692) ; soit qu'on parte de la doctrine très-peu probable et très-contestée d'après laquelle le *sponsor* ne pourrait intervenir qu'au moment de la formation de l'obligation principale, et que dès lors on dise que l'addition d'un *sponsor* emporte novation parce qu'elle nécessite une stipulation principale ; soit encore, et ce serait le motif le plus plausible, que le *sponsor* ayant à sa disposition des voies de recours très-énergiques, son addition modifie la situation du débiteur en l'aggravant.

Ce que Gaius dit de l'adjonction d'un *sponsor*, il le dit également de sa suppression, et il faudrait le dire pareillement de tout créancier ou codébiteur solidaire adjoint à une obligation.

---

§ III

Existence d'une stipulation.

En exposant, au début de cette thèse, de quelle manière s'opérait la novation, j'ai établi qu'elle ne pouvait s'accomplir que par la stipulation. — Reste maintenant à étudier quelles conditions doit réunir le contrat verbal pour nover.

> La stipulation, pourvu qu'elle soit valable, suffit à opérer novation.

Ces conditions se réduisent à une seule : il suffit, pour qu'il y ait novation, que la stipulation soit valable, c'est-à-dire soit régulière en la forme.

Cette condition unique mais indispensable remplie, la première obligation sera bien réellement novée et remplacée par la seconde.

Or, pour qu'une stipulation soit valable, il faut qu'elle soit faite dans la forme requise et qu'elle soit faite par des personnes capables de s'engager au moyen du contrat *verbis*.

> Conditions requises pour la validité de la stipulation.

La forme ne saurait nous arrêter ; mais la capacité des contractants demande quelques développements.

Gaius (*Comm.* III, § 179) nous dit, en effet, que la stipulation faite avec un esclave, ou avec un pérégrin par le verbe *spondeo*, est nulle.

Reprenons ces deux règles.

A

La stipula-
tion faite avec
un esclave
est-elle
valable ?
Opère-t-elle
novation ?

1º Je stipule d'un esclave ce que me doit *Primus*. — Servius Sulpicius, ne voyant dans l'incapacité de l'esclave qu'un vice qui rendait simplement la stipulation inutile sans la rendre inexistante, admettait, au témoignage de Gaius, la novation dans cette espèce, comme il l'admettait dans le cas de stipulation conditionnelle. Mais le même Gaius repousse au nom de ses contemporains une semblable doctrine : « *alio jure utimur.* » C'est qu'en effet, la stipulation exige l'intervention de deux personnes juridiques, et l'esclave n'est pas une personne ; c'est, aux yeux de la loi romaine, un objet, le porte-voix de son maître, pour ainsi dire ; ne pouvant, par suite, promettre qu'avec son autorisation (loi 30, § 1, Dig., *de pactis*, liv. II, tit. 14).

Ce texte de Gaius, qui exprime l'opinion que nous soutenons, la confirme en même temps par une dérogation qu'il apporte à la règle. Cette dérogation consiste en ce que l'esclave peut promettre *de peculiari causâ*. On sait, en effet, que, relativement au pécule, l'esclave est censé agir toujours sur l'ordre du maître, qui, en le lui remettant, lui en a laissé la libre disposition. Il peut, en vertu de ce mandat tacite, obliger son maître ; par conséquent, il promet valablement *de peculiari causâ*, et sa promesse engendre contre le maître l'action *de peculio.*— Aussi Gaius et Julien nous disent-ils que le premier débiteur, s'il était actionné par le créancier qui a stipulé de l'esclave, pouvait le repousser par l'exception *pacti conventi*.

La stipula-
tion faite avec
un pérégrin
est-elle
valable ?

2º Gaius applique au pérégrin ce qu'il dit de l'esclave. On ne peut, dit-il, opérer novation en stipulant d'un pérégrin, *cum quo sponsûs communio non est.* L'emploi du mot *spondeo* lui étant interdit, aucune stipulation ne peut se former.

Si j'ai cru devoir citer ces deux exemples, qui sont analogues, c'est pour éviter la confusion qu'on serait bien facilement tenté de faire entre la stipulation nulle, comme étant atteinte d'une vice de fond, stipulation qui n'opère aucun effet (exemple : stipulation faite avec un esclave) — et la stipulation simplement ïnutile comme étant affectée seulement d'une vice de forme. Cette dernière stipulation engendre une obligation naturelle, et par suite opère novation, d'après la loi 1, § 1 (Dig., de novat.) : *illud non interest qualis processit obligatio, utrum naturalis, an civilis, an honoraria.*

Les textes nous fournissent de nombreux exemples de ces stipulations inutiles pour le créancier, et engendrant une obligation purement naturelle.

Nous nous bornerons à étudier les trois hypothèses rapportées par Gaius (*Comm.* III, § 176).

1° *Primus* me doit cent ; ces cent, je les stipule de *Secundus*, qui est un pupille non autorisé de son tuteur. Un pupille, même *pubertati proximus*, ne pouvant rendre sa condition pire par un contrat, la créance ainsi acquise ne me sera d'aucune utilité. Il ne faut pas croire que le pupille aura seulement une exception pour me repousser au cas où je l'actionnerais ; l'action même me sera interdite. J'aurai une créance dépourvue d'action, c'est-à-dire naturelle, susceptible seulement d'être validée par une confirmation postérieure.

Qu'on ne dise point que la stipulation est nulle comme

étant intervenue entre personnes incapables ; le pupille peut, en effet, parfaitement *spondere* ; sa *capacitas* a besoin d'être *aucta* pour être efficace ; mais ce besoin même d'*auctio* prouve qu'elle existe.

2° Je stipule d'une femme ce qui m'est dû par un tiers. La femme qui répond à une stipulation fait une *intercessio*, réprouvée par le sénatus-consulte Velléien. Néanmoins, ma première créance sera novée par cette nouvelle obligation, qui sera inefficace, sans doute, mais qui existera cependant à l'état d'obligation naturelle.

3° Enfin, *Primus* me devant cent, je stipule qu'il me les paiera *post mortem suam*. L'inutilité de cette stipulation a été consacrée par le fameux adage : *inelegans visum est ex heredis personâ incipere obligationem*. Mais elle n'en existe pas moins, puisqu'elle peut être cautionnée. (Gaius, *Comm.* III, § 119.)

En résumé, la stipulation suffit pour nover du moment qu'elle est valable, du moment que sa forme est régulière. Peu importe son inefficacité au fond, son utilité pour le créancier ; on ne regarde que ses conditions de forme.

§ IV

Existence d'une dette à éteindre

La novation, par sa définition même, *prioris debiti in aliam obligationem translatio atque transfusio*, suppose nécessairement une dette préexistante. Il est facile de comprendre qu'un mode d'extinction des obligations ne peut se produire qu'autant qu'une obligation à éteindre existe réellement.

Est-ce à dire que, la novation ne se produisant pas par suite d'absence de dette à éteindre, la stipulation faite *novandi causâ* n'engendre jamais d'obligation et demeure inutile? — Cette question, qui peut sembler embarrassante à première vue, se résout facilement par une distinction : il faut examiner si le créancier a stipulé du débiteur ce qu'il lui devait, *debitum*, sans préciser le montant de sa créance, ou s'il a stipulé de lui une somme fixe.

1° *Primus* stipule de *Secundus* ce qui lui est dû, *debitum*. — Ce premier point comporte la sous-distinction suivante :

A. — *Secundus*, le promettant, ne devait rien à *Primus*; sa dette était inexistante *ipso jure*. — *Primus*, ayant stipulé purement et simplement ce qui lui était dû, c'est-à-dire rien, se trouve créancier de rien. Cette stipulation, impuissante à nover par suite du défaut d'obligation antérieure, est donc en même temps impuissante à créer une obligation, par suite du défaut d'objet.

B. — *Secundus* devait réellement à *Primus* ; sa dette existait *ipso jure* ; seulement une exception en paralysait la valeur. — La stipulation, intervenant en cet état de choses, supprime la force de l'exception, et, d'un autre côté, comme il y avait réellement une dette antérieurement existante, elle opère du même coup novation.

Il va de soi d'ailleurs que ce double effet ne s'opère

Si, par suite d'absence d'une dette à éteindre, la novation ne se produit pas la stipulation faite *novandi causâ* demeure-t-elle inutile?

Ne faut-il pas distinguer ?

1° *Quid* si *Primus* stipule de *Secundus* ce qui lui est dû, *debitum* ?

qu'autant que le promettant, en répondant à la stipulation, a connu l'existence de l'exception qui viciait son obligation, cette connaissance seule pouvant faire présumer qu'il y a renoncé en se liant par le contrat verbal. Que s'il a promis dans l'ignorance de l'exception qui le couvrait, il pourra, même la stipulation consommée, opposer au créancier l'exception qu'il avait négligée, avec cette restriction toutefois qu'il ne le pourra que si l'exception dont il s'agit est perpétuelle. S'il a payé, la *condictio* lui sera donnée dans les mêmes conditions. (loi 31, *de condict. indeb.*, Dig., liv. XII, tit. 6 ; loi 12, Dig., *de novat.*).

Quid, si Primus stipule de Secundus une somme fixe ?

2° *Primus* stipule de *Secundus* une somme fixe : *centum quœ debentur.* — *Secundus* cependant ne devait rien ; il n'en sera pas moins devenu réellement débiteur ; la stipulation, se passant de cause, suffit à elle seule, par sa propre vertu, à faire naître la créance. Toutefois, l'équité prétorienne adoucit la rigueur de cette solution, et arme le débiteur qui a promis par erreur, d'une exception pour repousser le créancier. S'il a payé, il a la *condictio indebiti* pour obtenir de lui son remboursement.

Novation d'une dette future.

L'impossibilité de nover sans une dette préexistante ne s'oppose point à ce qu'on nove une dette future. La loi 8, § 2 (Dig., *de novat.*) suppose que j'ai stipulé de Seius *id quod a Titio stipulatus fuero.* Et Ulpien, d'accord avec Celse, déclare que si cette stipulation est faite *novandi causâ,* la novation se réalisera ; de telle sorte qu'au moment précis où je stipulerai de Titius, Seius deviendra mon débiteur.

L'utilité de ce procédé apparaîtra nettement si l'on suppose que Titius n'est que le mandataire de Seius, et que pourtant l'on veut avoir celui-ci pour débiteur; seulement il va s'absenter, et au moment voulu on ne pourra stipuler avec lui. La promesse faite d'avance, ainsi que nous venons de le voir, remédie à cet inconvénient.

DEUXIÈME PARTIE

NOVATION SOUS JUSTINIEN

La novation, telle que nous l'avons vue jusqu'à présent, nous est apparue avec le caractère strict de l'époque classique. Les jurisconsultes l'ont marquée au sceau de leur rigoureuse et parfois aveugle logique. L'influence omnipotente de la formule s'y fait sentir à chaque pas.

La sphère où nous entrons nous ouvrira des aperçus nouveaux. Le préteur a frayé la voie du progrès sur les pas de l'équité; on peut dire de lui qu'il a été le pionnier du droit juste et raisonnable. L'exception *doli*, l'exception *pacti conventi* ont été ses instruments.

Justinien a complété et perfectionné son œuvre ; c'est dans ses réformes que notre droit français a puisé les éléments de la théorie de notre novation.

On peut classer les innovations de Justinien sous trois chefs principaux qui feront l'objet d'autant de paragraphes.

§ Ier.

De l'intention en matière de novation.

L'étude de la novation dans le droit classique nous a montré cette institution sous un caractère absolument strict, ainsi que je le disais tout à l'heure ; la formule faisait tout. En elle résidait toute la force de l'acte juridique. C'est un point qui nous est positivement démontré par les commentaires de Gaius, qui sont, à coup sûr, de tous les monuments du droit romain ancien qui nous sont parvenus, celui qui peut nous inspirer le plus de confiance.

En l'an 469, l'empereur Léon, par une Constitution qui forme la loi 10, au Code (*de contrahet commit. stipulat.*, liv. VIII, tit. 38), modifia la formule de la stipulation, en ce sens qu'il en réduisit les formalités à une interrogation et à une réponse. A partir de ce moment, la stipulation faite *novandi causâ* n'ayant plus de marque spéciale et distinctive, puisque toutes les stipulations pouvaient se faire en n'importe quelle forme, on dut changer l'ancien état de choses. Les formules perdirent toute signification ; mais, suivant qu'elles furent conçues de telle ou telle façon, elles servirent encore à faire présumer l'intention des parties. Cette présomption d'ailleurs supportait fort bien la preuve contraire.

Justinien vint ensuite, qui compléta et acheva la réforme entreprise.

Historique de la novation avant Justinien.

Est-il vrai que la réforme accomplie par Justinien ait été commencée avant lui?

Mais avant d'entrer dans l'examen du système qu'il introduisit, je veux insister sur les progrès successifs de la novation avant l'avénement de ce prince. Je lis avec étonnement dans tous les auteurs que la réforme accomplie par Justinien était commencée avant lui. M. Accarias notamment, citant des textes à l'appui de cette opinion, ajoute que ces textes sont en trop grand nombre pour qu'on puisse tous les supposer remaniés par Justinien.

Cet argument est au moins bizarre. Comment ! vous trouvez épars dans le Digeste des textes d'Ulpien, de Papinien, de Celse, qui exigent l'intention des parties dans la novation. Vous savez, d'autre part, que le Digeste n'est qu'une compilation amalgamée et corrigée suivant leur bon plaisir par Tribonien et ses collègues ; et en présence de ces deux vérités, vous dites : à coup sûr les textes que nous citons sont trop nombreux pour qu'ils aient été tous remaniés ! Singulier raisonnement en vérité ! Je le répète, le Digeste est un chaos plus ou moins ordonné de textes refondus, remaniés, arrangés à la fantaisie des compilateurs, conformément aux idées juridiques du jour. Les romanistes de bonne foi seront d'accord avec moi pour prendre des points de départ certains.

Ces points de départ sont pour moi les commentaires de Gaius. Or Gaius, qui a écrit vers l'an 150 de notre ère, ne dit mot de l'intention en matière de novation, et est très-affirmatif sur la force des formules. Eh bien ! quand on me mettra en parallèle de Gaius un texte de Celse (loi 26, Dig., *de novat.*), lequel vivait vers l'an

50, et qu'on me dira : vous voyez bien ; dans ce texte il y a les mots : *si novandi animo hoc fiat*, je répondrai sans hésiter et en toute certitude : ce texte est altéré ; ces derniers mots au moins y sont apocryphes. J'en dirai autant du texte de Papinien (mort en 212), qui forme la loi 23 (Dig., *de novat.*). J'en dirai autant encore de la loi 2 et de la loi 8, §§ 1, 2 et 5 (Dig., *de novat.*) qui appartiennent à Ulpien (mort en 228). Quelle que soit la hardiesse de ce dernier auteur, qui a toujours devancé l'esprit étroit de son époque, on ne saurait, sur son affirmation, croire universellement admise une idée qui n'était probablement même pas soulevée. Si lui-même l'eût proposée, il l'eût fait, nous le savons, avec humilité et modestie ; on trouverait là un *ferè convenit*, un *pœnè admittitur*.

En présence de l'histoire et des documents certains puisés dans Gaius, je ne puis moins faire que de croire que les auteurs qu'il m'a été donné de consulter ont commis un anachronisme, M. Gide tout le premier. Jusqu'à l'empereur Léon, les anciennes formes de stipulation sont demeurées intactes. Après lui, comme je l'ai dit, on a introduit des présomptions, et ces présomptions ne sont autres que la formule elle-même, laquelle, sans faire foi absolue, faisait présumer l'intention des parties. Etait-elle conçue suivant la forme auparavant réservée à la novation ? on présumait que les parties avaient voulu nover. Etait-elle, au contraire, faite en la forme ordinaire de la stipulation ? on supposait que l'on n'avait pas voulu nover. L'une et l'autre présomption recevaient d'ailleurs la preuve contraire.

Réforme
apportée à la
novation
par Justinien.

Et c'est précisément cette manière de faire qui, en jetant l'incertitude dans ce mode d'extinction des obligations, suggéra à Justinien l'idée de changer les choses : *novationum nocentia corrigere volumina et veteris juris ambiguitates resecare* (loi 8, Code, *de novat.*, liv. VIII, tit. 42).

Justinien
exige que les
parties expri-
ment leur
intention de
nover.

Il supprima donc les cas où la novation se produisait *ipso jure* dans l'ancien droit (*ex quibus veteris juris conditores introducebant novationes*), et établit comme principe général : *voluntate solum esse, non lege novandum.* Sur ce texte s'est engagée une controverse fameuse ; des auteurs ont soutenu que Justinien exigeait seulement une volonté manifestée d'une manière quelconque. M. Gide, développant cette thèse, dit que Justinien, en énonçant « que la volonté de nover doit désormais *être exprimée,* » veut dire tout simplement qu'elle ne doit pas être, comme autrefois, présumée et sous-entendue Il ajoute que Justinien exige une convention spéciale à l'effet de nover, mais non une forme spéciale pour cette convention.

Ce système, que M. Gide veut faire reposer sur l'histoire, me paraît complètement erroné et illogique. Justinien dit que la volonté des parties doit être *expressa,* exprimée, je traduis littéralement. La volonté doit être formellement exprimée, sans quoi la nouvelle obligation s'ajouterait à l'ancienne au lieu de la supprimer.

Et certes, il n'y a là rien que de très-raisonnable. On se trouvait en présence de présomptions qui entraînaient des difficultés et des contestations, il n'y avait qu'un moyen de les trancher, c'était d'exiger une mention de la novation. —· Quant à cette convention spéciale dont parle M. Gide, je ne sais ce qu'il entend par là, les textes ne nous rapportant pas qu'une forme particulière de contracter fût affectée à la novation, laquelle s'opérait simplement par stipulation. Quand donc on voulait nover, pour marquer qu'on ne voulait pas contracter une obligation solidaire ou un cautionnement, on devait dire expressément que l'acte était fait *novandi causâ*. C'est là l'innovation de Justinien.

§ II.

De l'identité d'objet en matière de novation.

Le principe le plus original de la novation romaine, nous avons eu soin de le faire remarquer en ses lieu et place, était la nécessité d'identité d'objet. — Cette règle n'a pas tardé à céder devant les nécessités de la pratique.

A l'origine, la novation exigeait l'identité d'objet.

Dès la fin du second siècle, au témoignage de Scævola (loi 31, § 5, Dig. *de liber. leg.*, liv. XXXIV, tit. 3), l'augmentation de la quantité due suffisait, aux yeux de quelques jurisconsultes, pour opérer novation; sans que pourtant la diminution de cette quantité aboutît au même résultat.

Cette règle disparaît peu à peu.

Au commencement du troisième siècle, Papinien (loi 28, Dig., *de novat.*) semble admettre la possibilité de nover en stipulant, la valeur de la chose due au lieu de cette chose elle-même. — Il a dû être amené à cette solution par le fait que toute condamnation aboutissant, sous le régime formulaire, au paiement d'une somme d'argent, le créancier qui réclamait judiciairement son paiement ne recevait que le prix de la chose. Dès lors, pourquoi l'empêcher de s'entendre avec son débiteur au lieu d'intenter un procès contre lui? Pourquoi lui défendre de stipuler une somme d'argent en place de la chose due, alors que l'instance intentée le conduira au même but?

Cette décision est donc un premier pas dans la voie de l'équité.

Cette marche fut-elle poursuivie pendant les trois cents ans qui séparent Papinien de Justinien? Aucun texte n'est venu nous le révéler. Ce n'est qu'en arrivant à cet empereur que nous rencontrons une nouvelle et grave modification. — La loi 8 (Code, *de novat.*) dispose, en effet, qu'une augmentation ou une diminution quelconque apportée à la quantité due suffira pour constituer un élément nouveau motivant la novation.

Ce n'est pas encore la pleine liberté donnée de nover par changement d'objet; mais c'est à coup sûr un pas considérable dans ce sens; et bien que rien ne le démontre, on peut supposer, sans trop de hardiesse, que le changement d'objet a dû bientôt être pleinement admis.

§ III.

Effets de la novation

Inter easdem personas.

Sous le droit classique, la novation *inter easdem per-sonas* supposait une modification dans les rapports juri-diques des parties ; quand ce n'était pas la cause de l'obligation qui changeait, c'était ou l'exigibilité du droit qui était avancée ou reculée, ou son existence même qui était mise en suspens.

Désormais, la novation empruntera un procédé plus simple : il suffira d'une modification apportée à l'un des accessoires de l'obligation pour autoriser la novation.

L'origine de cette réforme doit être ancienne, bien que les textes qui nous sont parvenus n'en portent au-cune trace. — Je n'en veux pour garant que le système des Sabiniens rapporté par Gaius (*Comm.* iii, §§ 177 et 178), et considérant l'adjonction ou la suppression d'un *sponsor* comme suffisante pour nover.

Quoi qu'il en soit de ce point historique, il est certain que la loi 8 (Code, *de novat.*) décide que, soit l'addition ou la suppression d'un gage ou d'un fidéjusseur, soit la confection d'un nouvel écrit suffiront désormais pour in-troduire dans l'obligation l'élément nouveau indispen-sable à la novation.

Cette dernière réforme ouvre le champ large à la no-vation. On peut dire d'une manière générale qu'après Justinien, un changement quelconque suffit pour nover, s'il est joint à la volonté nettement exprimée d'atteindre ce résultat.

TROISIÈME PARTIE

EFFETS DE LA NOVATION

La novation se décompose, quant à ses effets, en deux résultats bien distincts. L'analyse de la formule les fait nettement ressortir : *quod tu mihi ex causâ venditi debes, id spondesne ?* Cette stipulation éteint la première dette ; et elle l'éteint pour la remplacer par une nouvelle obligation.

Chacun de ces effets fera l'objet d'un paragraphe spécial.

§ Ier.

La novation éteint la première obligation.

L'extinction de l'obligation antérieure, à l'époque classique, est démontrée par les textes de tous les auteurs. Gaius (*Comm.* III, § 176) dit : *novatione tollitur obligatio ;... interventu novæ personæ nova nascitur obligatio, et prima tollitur, translata in posteriorem.* — On sait qu'Ulpien la définit : *prioris debiti in aliam obligationem transfusio atque translatio.* Les jurisconsultes anciens sont unanimes à mettre en relief l'effet extinctif de la novation.

Dans le droit de Justinien, ce résultat n'est pas prouvé seulement par les textes ; il se justifie, en outre, par l'intention des parties contractantes. Il est bien certain que celui qui veut changer l'objet de sa créance ou de sa dette, n'entend pas se faire payer ou bien remettre lui-même en paiement tout à la fois le nouvel objet et l'objet de l'ancienne obligation.

Aussi est-ce avec raison que les jurisconsultes anciens comparaient la novation au paiement, *eam stipulationem similem esse solutioni existimamus* (loi 31, § 1, *de novat.* — loi 21, § 3. Dig., *annuis legatis ;* liv. XXXIII, tit. I). Tous deux anéantissent l'obligation préexistante : l'un, le paiement, en mettant aux mains du créancier le montant en nature de sa valeur ; l'autre, la novation, en le rendant titulaire du droit à une créance équivalente.

C'est ce second effet, dont les conséquences sont importantes, qui va nous arrêter maintenant.

§ II.

La novation crée une nouvelle obligation.

Le débiteur qui, en novant, répond à la stipulation, s'engage par là même en vertu d'une obligation verbale.

En répondant *spondeo* à l'interrogation du créancier, le débiteur contracte un lien nouveau envers lui. Ce lien, qui détruit le lien existant, emprunte au contrat verbal, en même temps que son origine, son caractère strict et indépendant.

Je l'ai déjà dit et je le répète, la stipulation n'est pas un mode de contracter comme les autres. En sa qualité de contrat *stricti juris*, elle échappe à toute influence extérieure, et puise en elle-même sa force et sa vie. La cause de la stipulation n'existe-t-elle pas? elle s'en passe et se sert à elle-même de raison première. L'ancienne obligation qu'elle doit remplacer n'est-elle que naturelle? c'est sans importance; elle n'en sera pas moins civile, conformément à sa nature, et la *condictio* la sanctionnera.

L'ancien débiteur pouvait-il invoquer une exception quelconque? tant pis pour lui s'il a négligé cette ressource; son exception se brisera désormais contre la puissance supérieure de l'obligation verbale. Il lui faudra recourir, pour faire rompre ce lien imprudemment formé, à la *condictio indebiti*; pourvu toutefois qu'il y ait eu erreur de sa part, et que son exception soit perpétuelle, et constitue une mesure de protection établie en sa faveur.

En revanche, la nouvelle obligation formée est elle-même susceptible de recevoir des modifications qui ne se rencontraient point dans la précédente. C'est ainsi qu'elle pourra être paralysée par une exception quand bien même la créance aujourd'hui éteinte eût eu pleine force et énergie.

Ces points ne comportent aucune difficulté.

Mais plus délicates sont les questions qui nous restent à trancher. Je veux parler des accessoires que l'on peut ajouter à la nouvelle obligation. Sans doute, on peut y adjoindre ceux que l'on veut, c'est-à-dire créer des garanties qui la consolident et l'affirment. Mais que décider des anciennes sûretés qui garantissaient la créance antérieure? Celles-là comportent-elles une translation de cette créance à la nouvelle?

Quelles garanties accessoires peut-on adjoindre à la nouvelle obligation ?

Peut-on y adjoindre les garanties qui protégeaient l'ancienne obligation ?

L'intérêt de la question est considérable. Si vous avez une créance solidement garantie par des cautions, des gages ou des hypothèques, et que vous deviez les perdre en novant, il va de soi que votre situation sera empirée par la novation.

La solution de ces questions ne saurait être donnée d'une manière uniforme. Il faut distinguer entre les garanties personnelles et les garanties réelles.

Ne faut-il pas distinguer ?

Pour ce qui est des cautions, des *adpromissores*, elles sont libérées (loi 8, Code, *de fidejuss. et mandat.*, liv. VIII, tit. 41) : *liberantur, si modo insequenti non se obligaverunt.* Cette restriction constitue le seul palliatif apporté à la rigueur de cette décision : les cautions pourront, si bon leur semble, accéder à la nouvelle obligation, en renouvelant leur promesse. Mais, dans aucun cas, on ne saurait les contraindre à garantir contre leur gré la

Les garanties personnelles ne subsistent pas.

nouvelle dette ; elles ont fait acte de générosité en couvrant le premier débiteur ou une dette contractée dans des conditions qui leur convenaient. Cet office d'ami, elles en ont été déchargées par le changement de débiteur ou de créancier ou de dette ; leur bonne volonté seule peut les replacer dans des liens que cette même bonne volonté seule avait créés.

Cette extinction du cautionnement est un effet commun à la novation volontaire et au *judicium acceptum*.

Que décider au sujet de la solidarité ?

Quid, si un débiteur solidaire fait novation avec le créancier ? Si l'un des débiteurs solidaires ou un tiers pour lui fait novation avec le créancier, tous les autres sont libérés. C'est ce que démontre clairement la loi 20 (Dig. *ad Senat. c. Vell.*, liv. 16, tit. I), quand elle dit que lorsqu'une femme s'est portée *expromissor* pour un seul *correus*, le créancier pourra se faire restituer son action contre tous les débiteurs, s'il plaît à la femme d'invoquer le sénatus-consulte Velléien, décision qui implique que la promesse de la femme, en opérant novation, a libéré les débiteurs.

Les garanties réelles qui couvraient la première dette, couvrent-elles la seconde ?

Les garanties réelles peuvent être maintenues. Non, le gage et l'hypothèque s'éteignent, comme ils s'éteindraient à la suite d'un paiement effectué (loi 11, § 1, *de pigner. act.*, liv. XIII, tit. 7). Mais un pacte adjoint *in continenti* au contrat principal de novation les maintiendra utilement, de telle sorte que l'hypothèque ainsi réservée conservera son rang : le créancier est censé subrogé à lui-même : *succedit in suum locum* (loi 3 ; loi 12, § 5, Dig. ; *qui pot. in pign*, liv. XX, tit. 4). — Ce pacte exige-t-il le consentement du propriétaire des biens grevés? Aucun texte ne le dit, bien qu'on ait cru trouver la solution affirmative dans la loi 30 (Dig., *de novat.*), qui appartient à Paul, et dans un rescrit de l'empereur Gordien inséré au Code (loi unique, liv. VIII, tit. 27). La question, du reste, présente peu d'intérêt; car, en pratique, la promesse opérant novation émanera presque toujours du propriétaire même des biens, c'est-à-dire du débiteur.

Quant aux priviléges, qui constituent, eux aussi, des sûretés réelles, comme ils tiennent à la nature de la créance, la novation leur enlevant leur raison d'être, ils tombent fatalement, sans pouvoir être jamais rétablis.

C'est là ce qui distingue la novation volontaire de la *litis contestatio*, celle-ci n'anéantissant jamais les sûretés réelles, car on ne peut rendre sa situation pire en recourant à la justice : *neque enim deteriorem causam nostram facimus actionem exercentes.* (Loi 29, Dig., *de novat.*)

Différence entre la novation et la *litis contestatio.*

QUATRIÈME PARTIE

CAPACITÉ REQUISE POUR NOVER

La capacité que requiert la novation présente quelques particularités remarquables, qui, sans donner lieu à des difficultés, marquent d'un nouveau cachet d'originalité cette institution juridique si curieuse.

Nous distinguerons, dans notre étude, deux paragraphes, relatifs, l'un au promettant, l'autre au stipulant.

§ Ier.

Quel peut être le promettant ?

Qui peut promettre dans la novation ? C'est-à-dire qui peut répondre à une stipulation de manière à faire naître une obligation à sa charge, en éteignant du même coup l'obligation existante?

La réponse est bien simple : peut nover toute personne capable de s'obliger. Du moment qu'elle s'oblige valablement, elle rompt le lien qui la rattachait au créancier et en contracte un nouveau.

Toute personne capable de s'obliger peut nover en s'engageant envers le créancier.

Si le débiteur est incapable de contracter une obligation civile, il y aura novation s'il s'oblige naturellement; dans ce cas, le créancier perdra son action sans en acquérir aucune en échange. (Loi 3, Dig., *de novat.*) C'est ce qui arrive, par exemple, quand on stipule soit d'une femme, soit d'un pupille non autorisé. (V. p. 51.)

Du reste, le promettant qui nove, non sa propre dette, mais la dette d'autrui, peut le faire à l'insu et même contre le gré du débiteur primitif, puisque, sans mandat ni pouvoir, il pourrait la payer. (Loi 8, § 5, Dig., *de novat.*) C'est au créancier à juger s'il est de son intérêt de consentir à ce changement de débiteur.

---

§ II.

Quel peut être le stipulant ?

Le créancier qui nove est censé par là, du même coup, recevoir le paiement de sa créance et devenir titulaire d'une nouvelle obligation. Pour pouvoir nover, il faut donc être capable d'aliéner, puisque cette capacité est indispensable à celui qui reçoit un paiement.

Le créancier qui nove doit toujours être capable d'aliéner sa créance.

Mais il ne faut pas croire que cette condition suffise

Cette condition

toujours. Indispensable dans tous les cas, elle n'est suffisante qu'autant que c'est, soit le créancier lui-même, soit son mandataire exprès, soit une personne soumise à sa puissance et de lui autorisée, qui nove. Par exception pourtant, dans le cas où il s'agit d'une créance comprise dans un pécule, l'administrateur du pécule peut nover sans restriction. (Lois 46 et 48, Dig., *de peculio*, liv. xv, tit. i.)

Toute personne qui peut recevoir un paiement, aliéner la créance, ne peut pas, nous l'avons dit, la nover. Et c'est ce qu'exprime Paul (loi 10, Dig., *de novat.*), lorsqu'il défend à l'*adjectus solutionis gratiâ* de faire novation avec le débiteur, bien que lui-même soit là pour recevoir le paiement.

C'est ainsi encore que les tuteurs ou curateurs, aptes à toucher le montant d'une créance, ne peuvent nover qu'autant que la personne confiée à leurs soins y trouve avantage. (Loi 22, Dig., *de administ. et peric. tutor.*; liv. xxvi, tit. 7.)

C'est ainsi, enfin, je viens de le dire, que le mandataire qui a pouvoir de poursuivre le débiteur et d'encaisser la somme due, ne saurait, s'il n'a reçu pouvoir spécial à cet effet, opérer novation. (Lois 21 et 25, Dig., *de novat.*)

Le créancier solidaire, qui a le droit de recevoir paiement du débiteur, peut nover. Quel sera l'effet produit par cette novation? — Sur ce point, on se heurte à une controverse. Venuleius (Dig., loi 31, § 1, *de novat.*) exprime que l'avis à peu près général à son époque (*jam fere convenit*) est que celui des créanciers solidaires qui stipule *animo novandi*, ou qui fait stipuler un tiers auquel il délègue le débiteur, fait périr le droit de ses cocréanciers, comme le ferait périr un paiement. En regard de cette doctrine, Paul, dans la loi 27, *pr.* (Dig., *de pactis*, liv. ii, tit. 14), énonce que la novation faite par l'un des créanciers solidaires ne peut être opposée aux autres. — Sans parler des conciliations qui ont été tentées entre ces deux textes contradictoires par des esprits mieux intentionnés que bien inspirés, nous donnerons toutes nos préférences à la solution de Venuleius, qui est en harmonie parfaite avec les principes régissant la matière.

On doit assimiler, dans cette hypothèse, les effets de la novation à ceux du *judicium acceptum*, lequel éteint la solidarité.

APPENDICE

De la stipulation Aquilienne.

Une étude de la novation ne saurait être complète sans quelques explications relatives à la stipulation Aquilienne. Cette dernière, en effet, a considérablement élargi le cercle d'action de la première.

La formule nous en est donnée aux Instituts (liv. iii, tit. 29, § 2) dans les termes suivants : *Quidquid te mihi ex quacunque causa dare, facere oportet, oportebit, præ-*

Stipulation Aquilienne.

sens, in diemve, quarumque rerum mihi tecum actio,
quœque abs te petitio, vel adversus te persecutio est,
eritve, quodve tu meum habes, tenes, possides, dolove
malo fecisti quominus possideas, quanti quœque earum
rerum res erit, tantam pecuniam dari stipulatus est
Aulus Agerius, spopondit Numerius Negidius.

Mécanisme de la stipulation Aquilienne. Il est facile de voir que cette formule, inventée par le jurisconsulte Aquilius Gallus, dont elle tient son nom, tend à remplacer par une créance portant sur une somme d'argent, toutes sortes de droits, quels qu'ils soient d'ailleurs, réels ou personnels, le texte précité ne faisant aucune distinction. C'est bien là ce qu'on appelle nover : c'est mettre une obligation *verbis* à la place d'une autre.

Quelles objections fait-on contre cette novation ? Mais une double objection se présente sur-le-champ : c'est d'abord que la novation ne peut porter sur des droits réels, puisqu'elle est un mode d'extinction des obligations ; c'est ensuite que cette opération juridique exige l'identité d'objet entre l'ancienne obligation et celle qui est nouvellement créée. — Or, de ces deux conditions aucune ne se rencontre dans la stipulation Aquilienne. Celle-ci, en effet, porte sur toute espèce de droits, droits réels comme droits de créance ; ensuite, elle transforme tous ces droits en un droit à une somme d'argent.

Cette double difficulté, qui rendait, en effet, impossible la novation en bloc d'une certaine quantité de droits, est précisément évitée par la stipulation Aquilienne ; et c'est là ce qui fait le mérite de son inventeur.

La stipulation La stipulation Aquilienne ne nove point des droits réels ; elle nove une action ; elle nove le produit de l'action qui pourrait dès aujourd'hui ou pourra un jour être intentée contre le débiteur. — Et ce qui le prouve, c'est qu'elle ne dit pas un mot de ces droits réels qu'on nous oppose : elle parle de *actio*, de *petitio*, de *persecutio*, c'est-à-dire de droits exercés en justice. — On n'y rencontre ni le mot de débiteur, ni celui de créancier ; on y lit les expressions *Aulus Agerius, Numerius Negidius*, qui désignent des parties en litige. On y trouve la phrase *quanti res erit*, réservée à l'estimation de la chose litigieuse.

C'est donc une action que vise la stipulation Aquilienne ; c'est bien son produit qu'elle nove et transforme. Et dès lors, rien ne s'oppose à son application. En vertu du principe *judicio quasi contrahimus*, la *litis contestatio* équivaut à un contrat passé entre les parties ; par conséquent, elle fait naître des droits de créance, susceptibles d'être novés ; et comme ces droits de créance sont tous pécuniaires, la condamnation judiciaire aboutissant toujours au paiement d'une somme d'argent, la stipulation qui intervient à leur sujet ne modifie point leur objet ; elle le rend seulement dès à présent définitif. Du reste, elle aboutit le plus souvent, et tel est le cas prévu aux Instituts, à une acceptilation ; mais en dehors de cette fonction particulière, elle présente encore de l'utilité en cas de transaction, et généralement en toute circonstance où une liquidation sera nécessaire.

Je ne saurais d'ailleurs insister davantage sans sortir de mon sujet. Le cadre de mon étude, par son étendue, m'a forcé à bien des omissions ; mais je crois n'avoir laissé dans l'ombre que les points de détail. Je voulais surtout, je le répète, dégager les principes fondamentaux de cette curieuse institution, et en tracer les progrès à travers les siècles. Je voulais moins faire une étude juridique approfondie qu'un travail historique, et développer les phases successives de la novation, pour aboutir, en passant ensuite par le droit intermédiaire, à l'examen du résultat définitif qui a couronné, dans notre Code, le travail de vingt-cinq siècles.

DROIT FRANÇAIS

DE LA NOVATION

INTRODUCTION

Telle la novation était dans le dernier état du droit de Justinien, telle nous la retrouvons dans notre ancien droit, aussi bien dans les pays de droit écrit que dans les pays de coutumes. Il va de soi néanmoins que l'institution avait suivi le progrès du droit en général : c'est ainsi que les formes de la stipulation ayant disparu, la novation pouvait dès lors s'opérer par tous les modes, au moyen de tous les procédés possibles : l'accord des parties, en quelque forme qu'il fût manifesté, était suffisant.

Deux points seulement méritent d'être signalés.

En matière de capacité, le droit romain se montrait fort rigoureux : ne pouvait nover que celui qui avait le droit de recevoir le paiement de la créance objet de la novation. Et pour les jurisconsultes romains, la décision était des plus logiques, la novation n'étant qu'un paiement.

Cette théorie a-t-elle subsisté dans notre ancien droit ? M. Laurent (Droit civil français, t. XVIII, p. 273) l'affirme sans hésitation, et Pothier, en effet (Obligations, n° 590), déclare « que le consentement que donne le créancier à la novation de la dette, étant quelque chose d'équipollent, quant à l'extinction de la dette, au paiement qui lui en serait fait, il suit qu'il n'y a que ceux à qui on peut payer valablement, qui *puissent* faire novation de la dette. »

Cette manière de voir semble être l'expression du droit commun de la France. Comment se fait-il donc que Domat, qui est d'un siècle antérieur à Pothier, écrive dans ses Lois civiles (Livre IV, tit. 3, sect. 2) : « Toute personne capable de contracter peut innover et ce qu'elle doit, et ce qui lui est dû. Et ceux qui ne peuvent s'obliger, comme les prodigues interdits, ne peuvent faire de novation, si ce n'ést qu'elle rendît leur condition plus avantageuse. » — Cette divergence d'opinion entre deux auteurs qui, tous deux, ont écrit sous l'inspiration du droit écrit, ne laisse pas que de surprendre. Je ne sais si on a tenté de l'expliquer, mais, à cette époque de formation de notre droit, la doctrine formulée par Domat semble comme la première étape dans la voie que suivra plus tard notre Code civil.

C'est sur l'intention exigée en matière de novation que nous voyons le progrès se faire rapidement dans notre ancien droit.

En droit romain, l'emploi de la stipulation entraî-
nait forcément l'accomplissement de la novation; en se
servant de cette formule, les parties, aux yeux de la loi,
exprimaient la volonté de nover; aussi disait-on que la
novation s'opérait *ex lege*. Justinien, réformant l'ancien
droit, prescrivit (L. ult., Code *de novationibus*) que dé·
sormais la novation n'eût plus lieu si l'intention formelle de nover n'avait été exprimée par les parties.

Cette même règle semble avoir régi nos anciennes
institutions. « C'était une doctrine généralement admise,
dit M. Demolombe (t. XXVIII, p. 160), que, sans une
clause expresse de novation, l'hypothèque qu'on avait
pour la première obligation demeure dans toute sa
force. » Cependant le même auteur rapporte que des
controverses nombreuses s'étaient engagées sur ce système entre les plus grands maîtres de la jurisprudence;
et nous ne serions pas éloigné d'en voir une trace dans
un nouveau passage de Domat (Lois civiles, liv. IV;
tit. 3, sect. 1), où il déclare simplement « qu'il n'y a
jamais de novation par le simple effet d'une seconde
obligation, s'il ne paraît que le créancier et le débiteur
ont eu l'intention d'éteindre la première; car autrement
les deux subsisteraient. »

Quoi qu'il en soit, il est certain que ces exigences
rigoureuses n'ont pas toujours subsisté; et Pothier nous
atteste (Obligat., n° 594) que « dans notre ancienne jurisprudence on ne s'était pas attaché d'une manière tel-
lement littérale à la Constitution de Justinien qu'il fal-
lût que le créancier déclarât en termes précis et formels qu'il entendait faire novation. Il suffisait que, de

quelque manière que ce fût, sa volonté de nover parût si évidente qu'elle ne pût être révoquée en doute. »

Un des plus curieux exemples de novation que l'on rencontre dans l'histoire de notre ancien droit, est certainement la novation des rentes seigneuriales en rentes foncières.

Pour comprendre cette opération, quelques mots d'explication préalable sont nécessaires.

Les seigneurs, pour faciliter la culture de leurs biens, les concédaient à titre de bail ; mais cette concession pouvait se faire moyennant soit une rente seigneuriale, soit une rente purement foncière.

La rente seigneuriale ou féodale présente cette particularité que le seigneur ne concède pas au preneur le domaine entier : il lui concède seulement le domaine *utile*, en retenant la *directe*. Sous ce nom de *directe* est compris l'ensemble des droits que le bail réserve au seigneur. Ces droits sont multiples et divers : c'est l'obligation pour le preneur de payer un droit de mutation et de vente, ou bien l'obligation de faire sur les terres concédées certaines constructions ou plantations, ou bien encore l'obligation de fournir au bailleur certains fruits.

Le bail à rente foncière transfère, au contraire, au preneur tout le droit qu'a le bailleur dans l'héritage baillé à rente, sous la réserve seulement du droit de rente que le bailleur s'y retient.

Le caractère féodal des rentes seigneuriales imposait au preneur des obligations fort lourdes auxquelles il désirait souvent se soustraire. Il y parvenait par la conversion en rente foncière.

Novation
des rentes
seigneuriales
en rentes
foncières
dans notre
ancien droit.

La loi du 4 août 1789 a aboli tout ce qui subsistait des droits féodaux, et a converti les rentes seigneuriales en rentes foncières. — Avant cette loi, la novation était le procédé qui servait à la conversion de ces rentes. — On novait en recourant à l'*arroturement*, opération qui modifiait le caractère primitif du droit ou de la redevance, et enlevait par là même à l'obligation son caractère féodal. On novait aussi en recourant à d'autres conventions. On pouvait employer tel procédé qui paraissait le plus convenable pour transformer les obligations féodales en obligations purement foncières. C'est ainsi qu'une rente qualifiée, dans l'acte même de constitution, de rente *noble, portant fief et juridiction*, peut se trouver novée par ce fait que, dans un acte de transfert ou dans un titre récognitif, elle a été qualifiée de rente foncière. C'est ainsi encore que l'obligation par laquelle le seigneur transporte à son fermier une redevance seigneuriale opère une novation dans la créance, et transforme cette rente en rente foncière.

Nous devons voir maintenant quelles transformations les rédacteurs du Code civil ont fait subir à la novation.

Novation dans notre code civil.

Notre Code, suivant une habitude assez constante, n'a garde de définir la novation : il se contente (art. 1271) d'énumérer les diverses manières dont elle peut s'opérer. Il nous faut donc suppléer à cette lacune.

Comment peut-on définir la novation ?

Nous avons vu ailleurs quelle était la définition romaine : « *Novatio est prioris debiti in aliam obligationem, vel civilem, vel naturalem, transfusio atque translatio.* » Cette définition, exacte en droit romain,

ne l'est plus aujourd'hui : l'obligation qui, anciennement, changeait, pour ainsi dire, de moule seulement,
est, dans notre droit, éteinte par la création d'une nouvelle dette, qui se substitue en ses lieu et place.

Domat (Lois civiles, liv. iv, tit. 3, sect. 1) s'exprime
ainsi : « La novation est le changement que font le
créancier et le débiteur, qui, au lieu d'une dette, en
substituent une autre ; de sorte que la première ne subsiste plus, et que le débiteur ne reste obligé que par la
seconde. »

Pothier, exprimant la même idée en termes analogues, entend par novation « la substitution d'une dette
nouvelle à une ancienne dette. »

On peut dire, d'une manière générale, que la novation est l'extinction d'une dette par une autre dette. Son
caractère propre est, en effet, d'éteindre l'obligation,
comme le paiement ; seulement, à la différence de celui-
ci, au lieu d'éteindre purement et simplement une dette,
elle ne l'éteint que pour lui en substituer une autre.

PREMIÈRE PARTIE

DES DIFFÉRENTES MANIÈRES DONT S'OPÈRE LA NOVATION

On distingue deux espèces de novations : la novation objective et la novation subjective.

Il y a novation objective lorsque, entre deux parties précédemment obligées l'une envers l'autre, il se forme une nouvelle convention éteignant l'ancienne obligation et subsistant désormais à sa place.

Il y a novation subjective quand il y a changement de l'un des coobligés. Ce changement se produira dans l'une ou l'autre des hypothèses suivantes :

1° Il se peut que, par l'effet d'un nouvel engagement, un créancier nouveau soit substitué à l'ancien, envers lequel le débiteur se trouve dès lors déchargé.

2° Il se peut qu'un nouveau débiteur s'oblige envers le créancier, qui décharge alors l'ancien débiteur de son obligation envers lui.

Il faut donc, pour plus de clarté, reconnaître, avec l'article 1271, trois sortes de novations :

1º La novation objective.

2º La novation par changement de débiteur.

3º La novation par changement de créancier.

---

§ 1er.

Novation objective.

Aux termes de l'art. 1271, 1º il y a novation objective « lorsque le débiteur contracte envers son créancier une nouvelle dette qui est substituée à l'ancienne, laquelle est éteinte. »

Eléments principaux de la novation objective. En décomposant l'opération, on voit qu'elle comporte, comme éléments principaux indispensables, une dette éteinte par le consentement simultané du débiteur et du créancier, et une obligation nouvelle qui remplace l'ancienne. — Paul doit mille francs à Pierre ; il s'engage à lui remettre 160 boisseaux de blé à la place : il y a novation opérée.

Mais est-ce un résultat absolu, inévitable ? Si, dans cette hypothèse, les parties déclaraient expressément que leur intention formelle est de ne pas nover, leur déclaration empêcherait-elle la novation de se produire ? — Pothier (Oblig., nº 595) enseigne la négative : « une protestation, dit-il, ne peut empêcher l'effet nécessaire et essentiel d'un acte. » Notre Code a consacré cette opinion dans l'art. 1273, lequel dit que l'intention de nover doit résulter clairement de l'acte accompli par les parties. Or, dans l'espèce qui nous occupe, il ne peut pas ne point y avoir novation, puisqu'on change la dette : ce que les parties font l'emportent sur ce qu'elles disent.

Ainsi, du moment qu'une dette nouvelle vient se substituer aux lieu et place d'une obligation préexistante, la novation se produit.

Mais quand y a-t-il substitution d'une nouvelle dette à une autre ? Un changement quelconque apporté à une obligation ne suffit pas pour la transformer. Telle modification pourra être faite qui impliquera ou n'impliquera pas, suivant la manière de voir de chacun, l'intention de nover : il y aura ou non novation tacite. Le rôle du juge est alors de rechercher quelle a été l'intention des parties ; et la base naturelle de sa sentence est l'importance de la modification apportée à l'obligation.

Il est facile de comprendre de quelle utilité serait, en pareille occurence, un principe général qui permît de décider à coup sûr si, oui ou non, il y a novation opérée. Les auteurs se sont mis à la recherche de ce criterium.

Toullier (t. iv, p. 223) émet l'avis « que la volonté d'opérer novation résulte nécessairement du nouvel acte lorsque la nouvelle obligation est en tout incompatible avec la première ; c'est-à-dire lorsqu'elles ne peuvent subsister ensemble toutes les deux, de sorte que, la seconde novation subsistant, il s'ensuit que la première demeure nulle et de nul effet. » Ce principe ne nous semble pas parfaitement exact. Si, en effet, à une dette pure et simple les parties ajoutent un terme, on se trouve bien en présence de deux dettes qui ne peuvent exister simultanément, car une seule et même obligation ne peut être à la fois pure et simple et affectée d'un terme. Et cependant, nous le verrons plus loin, l'adjonction ou le retranchement n'emporte pas novation.

Criterium proposé par MM. Aubry et Rau. MM. Aubry et Rau ont donné au principe formulé par Toullier plus de précision. « La novation objective, disent-ils (t. IV, § 324), résulte virtuellement et nécessairement de tout changement qui, portant sur l'objet même de la prestation, la transforme en une obligation nouvelle, distincte de la première et incompatible avec elle. » Mais ils comprennent eux-mêmes que ce principe n'est applicable qu'à un nombre restreint d'hypothèses, et en s'efforçant de le compléter, ils retombent dans le vague. — « Des changements, écrivent-ils, qui, de leur nature, n'emporteraient pas novation, peuvent cependant être considérés comme ayant produit cet effet, lorsqu'il s'y rattache des faits ou conventions accessoires, tendant à établir que l'intention des parties a été de substituer une nouvelle dette à l'ancienne, et à charge par le juge d'indiquer les éléments dont il entend faire ressortir cette intention. »

Système suivi en jurisprudence. La jurisprudence, s'en tenant à l'art. 1273, admet que la volonté de nover doit résulter clairement de l'acte. Le juge a pour mission d'examiner les faits qui lui paraissent impliquer la novation, et sa décision échappe au contrôle de la Cour suprême, puisqu'elle ne porte que sur le fait.

Nous devons étudier les principaux événements qui, modifiant la dette primitive, peuvent la transformer en une dette nouvelle, telle que l'exige l'art. 1271, 1°.

I

CHANGEMENT D'OBJET.

Un capital exigible, provenant d'une cause quelconque, prêt ou vente, est, par une convention postérieure, converti en une rente, qui devra être servie au créancier. Y a-t-il novation ?

La conversion d'un capital en une rente opère-t-elle novation ?

On s'accorde à répondre affirmativement pour le cas où la rente stipulée est une rente viagère. Ces sortes de rentes n'étant point rachetables, il y a transformation complète et essentielle de l'obligation : on vous devait une somme fixe, un capital ; désormais on vous doit des arrérages, sans que vous puissiez exiger autre chose que cette prestation périodique.

Oui, si le capital est converti en une rente viagère.

L'objet de la dette est absolument changé.

Mais sur le cas où une rente perpétuelle a été substituée à une créance de somme exigible, les auteurs se divisent, à l'exemple des anciens jurisconsultes. — Pothier (Obligat., n° 595) considérait la stipulation d'une rente perpétuelle comme opérant novation, par ce motif que la créance d'une rente est, à proprement parler, la créance des arrérages qui courront jusqu'au rachat. — Bourjon, au contraire (Droit commun de la France, p. 563) déclare que « le contrat de constitution de rente n'est qu'une modification du premier engagement et non

Mais quid si le capital est converti en une rente perpétuelle ?

uné extinction totale d'icelui. L'opinion contraire, ajoute-t-il, ne pourrait se soutenir que par des subtilités, que la raison et l'équité rejettent. » — De nos jours, MM. Laurent, Toullier, Aubry et Rau ont suivi la doctrine de Pothier.

Nous serions plus porté à penser, avec MM. Demolombe et Larombière, que l'on ne saurait voir, dans la seule constitution d'une rente perpétuelle, une intention évidente de nover. En effet, si, la plupart du temps, les arrérages sont l'objet de la dette, parce qu'en formant un contrat de rente, le crédirentier s'interdit de réclamer le remboursement du capital (art. 1909), il n'en est pas moins vrai cependant que ce remboursement peut se produire un jour ou l'autre ; de telle sorte que le crédirentier lui-même ne sait pas toujours ce qui lui sera payé : des arrérages ou bien un capital. Cette incertitude suffit pour qu'on ne puisse dire positivement que l'objet de la dette est changé. Peut-être l'est-il, peut-être ne l'est-il pas. C'est une question d'intention à examiner ; le contrat par lui-même, indépendamment de la volonté qui y est manifestée, ne peut suffire à faire préjuger la novation.

On décide, au contraire, qu'il y a novation, quand une rente perpétuelle stipulée en denrées est convertie en une rente perpétuelle en argent. — L'objet de la prestation est, en effet, changé : il y a dette nouvelle.

II

TRANSFORMATION D'UNE DETTE CIVILE EN UNE DETTE COMMERCIALE, OU RÉCIPROQUEMENT.

Quand une dette civile se trouve transformée en une obligation commerciale, son objet n'est pas changé; seule sa nature est modifiée. Cette modification est-elle suffisante pour opérer novation? — Oui, sans doute; car une dette commerciale n'est point la même chose qu'une dette civile; ces deux espèces d'obligations diffèrent notamment au point de vue de la procédure qui devra être suivie pour parvenir à leur exécution, si besoin est.

La difficulté est de savoir quand il y a conversion d'une dette commerciale en une dette civile. Parcourons quelques espèces.

Dans notre ancien droit, on décidait que toute dette commerciale devenait civile lorsqu'elle était constatée dans un acte authentique. C'était confondre le mode de preuve d'une dette avec les caractères qui en établissent la nature : on dresse un acte authentique pour établir l'existence d'une dette, soit civile, soit commerciale ; non pour en déterminer la nature ou les effets. La jurisprudence actuelle s'inspire, avec raison, des faits et des circonstances; elle recherche si l'intention de nover résulte de l'acte.

Quand une dette commerciale est, par le moyen d'une lettre de change, substituée à une obligation notariée, y a-t-il novation? — Cette question a soulevé de vives controverses : les parties ont-elles voulu changer absolument la dette ? Ou bien ont-elles seulement eu l'intention d'en régler le mode de paiement d'une manière plus commode pour elles, de façon, par exemple, à ce que le prix puisse être touché sur-le-champ par la négociation des effets de commerce créés ? C'est là ce qu'il importe de savoir. — Il faut encore voir là une question d'intention à résoudre : le juge recherchera quelle a été la volonté des cocontractants ; il s'éclairera principalement au moyen des circonstances. Mais, en dehors de tout fait particulier, on ne saurait admettre que le règlement d'une dette civile en effets de commerce entraîne par lui seul novation : ce résultat serait, dans bien des circonstances, contraire à l'intention que l'on doit prêter aux parties. Ainsi, un vendeur reçoit des effets de commerce en paiement du prix qui lui est dû par l'acquéreur et donne quittance à cet acquéreur. Il n'y a point, en principe, novation opérée. La quittance n'a pour but que d'assurer à l'acquéreur qu'il ne sera pas poursuivi à la fois pour le montant de la créance et pour le montant des billets souscrits. Si l'on disait qu'il y a novation opérée, on dirait par là même que le vendeur a renoncé à son privilége, et ce privilége constitue à son profit un trop grand avantage pour qu'on puisse l'en dépouiller sans que son intention d'y renoncer apparaisse nettement.

III

On peut soumettre une obligation pure et simple à une charge, à une condition ou à un terme ; ou bien l'on peut rendre pure et simple une dette affectée de l'une quelconque de ces modalités. — Ce changement entraîne-t-il novation ?

La charge entraîne évidemment novation : elle modifie si profondément l'obligation qu'elle la rend résoluble au cas où la charge n'est pas remplie.

Quant à la condition, nous verrons plus loin, en étudiant les dettes qui peuvent être novées, qu'elle produit, suivant l'intention des parties, des effets différents. Elle produit toujours novation ; mais, suivant la volonté des parties, cette novation est définitive, ou bien elle n'est que conditionnelle.

Quant au terme, on admet qu'il n'opère point novation. Grande est, en effet, la différence qui le sépare des deux autres modalités. Tandis que la condition et la charge affectent la dette elle-même, dans sa nature et son essence, le terme, lui, ne l'affecte qu'au point de vue de l'exigibilité. La même chose reste due, telle qu'elle était auparavant ; seulement on la paiera plus tard. — En dehors du principe, cette solution est commandée par le Code lui-même, qui dispose (art. 2039) que la simple prorogation de terme accordée par le créancier au débiteur principal ne décharge point la caution. Rapprochez ce texte de l'art. 1281, qui décide que la novation faite avec le débiteur principal libère la caution, et la conclusion forcée est que la concession d'un terme n'opère point novation, sans quoi elle libèrerait la caution.

Cette question s'est présentée notamment dans le cas de concordat ; on a discuté la question de savoir si le concordat consenti par le créancier au débiteur insolvable entraînait novation. — Plusieurs jurisconsultes ont soutenu l'affirmative. Le concordat, ont-ils dit, oblige tous les créanciers civils ou commerciaux, qui ne peuvent plus exiger que ce que le concordat leur a accordé : leur créance est donc novée. Mais la jurisprudence se prononce en sens contraire ; et, avant la loi de 1838, qui a interdit aux créanciers de stipuler du failli aucun avantage particulier, elle a décidé qu'une contre-lettre passée entre un créancier et le débiteur, et stipulant le paiement intégral de la créance, suffirait pour qu'on ne pût opposer à ce créancier sa participation au concordat, et alléguer qu'il a, en y figurant, interverti et restreint son titre.

Le contrat d'atermoiement n'opère pas novation.

Un arrêt de Cassation du 11 mars 1868 (Dal. pér., 1868, I, 435) a de même décidé que la novation ne résulte pas du contrat d'atermoiement, c'est-à-dire de la convention amiable passée entre des créanciers et leur débiteur, et par laquelle celui-ci obtient de ceux-là un délai. — Il est évident, en effet, que, dans ce cas, il n'y a pas substitution d'une dette à une autre.

IV

MODIFICATION DES GARANTIES DE L'OBLIGATION.

La modification des garanties de l'obligation n'entraîne pas novation.

Une obligation que rien ne protége est ensuite garantie par un gage, une hypothèque ou un cautionnement. Ou bien une dette pourvue de l'une ou de plusieurs de ces sûretés en est dépouillée. — Y a-t-il novation ?

Assurément non ; la doctrine et la jurisprudence sont d'accord sur ce point. En vain alléguerait-on que la dette n'est plus la même; rien n'est moins vrai : la dette principale subsiste telle qu'elle était; on y ajoute ou on en retranche seulement un accessoire. Ce qu'on a le droit d'exiger, c'est la créance même; à défaut seulement de son acquittement, on recourra aux garanties stipulées.

V

CHANGEMENT DE TITRE DE L'OBLIGATION.

Il y a substitution d'un titre à un autre, quand, par exemple, on remplace par un acte notarié l'acte sous seing privé qui constatait une dette.

Cette substitution n'opère point novation; elle équivaut, en quelque sorte, à un changement de garanties; car l'obligation constatée par un acte authentique sera mieux établie que celle constatée par un simple acte sous seing privé; son exécution sera mieux assurée, mais sa nature ne sera aucunement modifiée.

Toutefois, il est à remarquer que, dans le cas où une obligation souscrite par acte notarié est convertie en une dette constatée seulement par un acte sous seing privé, la volonté de nover se présumera très-facilement. Il y a, en effet, lieu de croire que les parties qui ont eu recours à un acte notarié pour faire constater une créance, ne le remplaceront par un acte sous seing privé que pour modifier la dette elle-même. Cependant, cette conversion pourrait avoir un autre motif, qui exclue l'idée de novation.

Que décider si le créancier, étant muni d'un jugement contre son débiteur, accepte que celui-ci lui consente pour le montant d'une somme qu'on a été condamné à payer ?

une obligation pour le montant de la condamnation ? Y a-t-il novation opérée ? — Il est incontestable que, dans cette hypothèse plus que dans aucune autre, la novation sera très-facilement présumée. Mais existera-t-elle nécessairement ? Nous ne le pensons point : il n'y a qu'un simple changement opéré dans la nature du titre ; et un semblable changement n'éteint point la créance.

Il y a cependant des cas où le changement de titre entraîne novation. On en rencontre un curieux exemple en matière hypothécaire.

Il est, en effet, généralement admis (1) que l'hypothèque légale de la femme s'éteint au préjudice de ses héritiers, par suite d'une novation particulière, résultant de la liquidation et du règlement de ses droits et reprises. — Ainsi, un mari étant usufruitier de la fortune de sa femme, soit par contrat de mariage, soit par testament, sans qu'il importe d'ailleurs de savoir s'il est tenu de fournir caution, les héritiers de la femme laissent entre ses mains, après la liquidation opérée, et pour lui permettre d'exercer son droit d'usufruit, le montant des reprises de la défunte. Le veuf, jusqu'alors débiteur en qualité de mari, grevé, par suite de l'hypothèque légale, n'est plus désormais soumis qu'à une obligation de restituer comme usufruitier. Son titre est nové : la loi considère qu'il est intervenu une tradition *brevis manus,* le mari étant censé avoir remis les biens de la femme aux héritiers, qui les lui auraient immédiatement resti-

(1) Cass., 27 juin 1876. — Dall. pér., 1877, 1, 121. — Limoges, 28 fév. 1879. — Dall. pér., 1880, II, 126.

tués à titre d'usufruitier. — Les parties pourraient, d'ailleurs, manifester une intention contraire, et convenir que les sommes ou valeurs liquidées resteront aux mains du mari au même titre qu'auparavant et non point à titre d'usufruit.

VI

CHANGEMENT DU MODE DE PAIEMENT.

La manière dont devra être acquittée la dette, le lieu où son exécution sera poursuivie, sont généralement indiqués dans la convention. A défaut de convention, ils sont déterminés par la loi. — Si les parties modifient après coup les conventions précédemment passées, ou si, s'étant soumises, dans le principe, aux prescriptions légales, elles changent ensuite le mode d'exécution de leur obligation, y a-t-il novation ?

La réponse est simple. Le changement dont il s'agit transforme-t-il la dette même, influe-t-il sur sa nature, il y a novation ; sinon l'obligation demeure la même. Or le mode de paiement est le plus souvent insignifiant : c'est une de ces dispositions accessoires que l'on fait fréquemment varier pour la plus grande commodité des parties, et qui n'exerce aucune influence sur la nature des obligations.

Ainsi, la dette est portable ; on convient qu'elle sera quérable. — Rien n'est changé à l'obligation ; elle est la même en quelque lieu que la dette soit acquittée. Il n'y a pas novation, sauf manifestion de volonté contraire.

Disons donc, en principe, que le changement apporté au mode de paiement n'altère point la dette et n'opère pas novation, s'il n'y a volonté de nover formellement exprimée.

Mais ce principe ne comporte-t-il pas des exceptions? L'examen de quelques hypothèses montrera quelles difficultés soulève son application.

La passation en compte-courant de créances déterminées sont, du consentement des deux parties, comprises dans un compte-courant. Y a-t-il novation accomplie? — Presque toujours on peut répondre affirmativement : la première dette se trouve novée. Ainsi, en cas de vente de marchandises par l'un des co-contractants à l'autre, la passation en compte-courant du prix de ces marchandises solde la vente. Et par une conséquence nécessaire, la novation qui s'opère en pareil cas entraîne, avec l'extinction de l'ancien droit des parties, celle de toutes les actions attachées à ce droit, à moins de réserve expresse.

Mais, ne l'oublions pas, cette passation en compte-courant n'est qu'une circonstance qui fait présumer la volonté de nover : elle n'oblige point le juge. L'incompatibilité entre le compte-courant et les anciens titres des créances qui y sont comprises n'est pas telle que les parties, tout en consentant à ce que certaines créances figurent dans ce compte, ne puissent en maintenir le titre et empêcher la novation. Il suffit que la volonté d'agir ainsi soit exprimée de façon ou d'autre.

Si la convention de compte-courant opère le plus souvent novation, il n'en est point de même dans le cas où on aurait porté une créance dans un compte général comprenant des articles d'origine et de nature diverses. Ce compte général, bien différent du compte-courant, n'a pour but, à moins d'intention contraire, que de faciliter le paiement (Cass., 27 nov. 1871; Dall. pér., 1873, I, p. 82).

L'acquéreur d'un immeuble remet en paiement de son prix des lettres de change au vendeur, qui, moyennant cette remise, lui donne quittance dans l'acte même de vente. — On a décidé que, malgré cette décharge, malgré même des poursuites dirigées contre l'acheteur devant le Tribunal de commerce, pour le paiement des lettres de change, le vendeur n'était pas réputé avoir fait novation : il pourra encore recourir à la résolution de la vente. Cette souscription de lettres de change a été considérée, avec raison, comme un changement, non dans la nature de la dette, mais dans son mode de paiement. Cependant, par une contradiction singulière, cette réception d'effets en paiement d'un prix de vente, réception qui n'est pas suffisante pour opérer novation, a pour résultat de régler l'étendue de la créance du vendeur, laquelle ne pourra désormais excéder le montant des dits billets; de telle sorte que, à défaut de stipulation expresse, les intérêts ne courraient point au profit du vendeur, quand bien même la chose vendue serait frugifère (1).

(1) Cass., 29 nov. 1852. D. P. 1852, I, 326.

§ 2ᵉ

Novation par changement de débiteur.

L'article 1271 dispose qu'il y a novation par changement de débiteur « quand un nouveau débiteur est substitué à l'ancien, qui est déchargé par le créancier. »

Comment s'opère la novation par changement de débiteur ? Cette substitution de débiteur peut s'opérer de deux manières : par expromission ou par délégation. Ces deux modes, étant profondément distincts l'un de l'autre, doivent faire l'objet chacun d'une étude spéciale.

I

DE L'EXPROMISSION.

Définition de l'expromission. L'*expromission*, dans le droit romain, était la substitution d'un nouveau débiteur à l'ancien, substitution opérant, au profit de ce dernier, décharge de la dette.

Cette expression a conservé, dans notre droit, la même signification : l'*expromissor* est un nouveau débiteur qui s'engage et libère celui qui était tenu avant lui.

L'expromission entraîne novation. Ce seul exposé montre que là où il y a expromission accomplie, il y a nécessairement novation opérée. — S'il n'y avait pas novation accomplie, c'est que l'ancien débiteur serait encore tenu ; et alors le nouvel intervenant, au lieu de s'engager à la place de l'ancien, se serait engagé concurremment avec lui, à l'effet de garantir la dette : il y aurait non plus *expromissio*, mais *ad-promissio*.

La novation a de l'analogie avec le paiement, puisque, comme lui, elle éteint l'obligation persistante. Est-ce à dire que, en s'appuyant sur l'article 1236, toute personne puisse prétendre avoir le droit de nover la dette ? Non, assurément; car si la novation est un paiement, c'est en même temps un moyen de créer une nouvelle dette. Or, pour s'engager, il faut le consentement de la personne envers laquelle on s'engage. On pourra donc nover pour le débiteur en se passant de son consentement, ou malgré lui (art. 1274); mais on ne pourra nover sans le consentement du créancier. C'est une des différences qui existent entre le paiement et la novation.

Dans les rapports réciproques du nouveau débiteur avec l'ancien, la novation ainsi opérée est assimilable à un paiement que le tiers aurait fait au créancier, au nom et en l'acquit du débiteur. Le nouveau débiteur ayant, par son intervention, libéré l'ancien, aura recours contre lui exactement comme s'il avait purement et simplement désintéressé le créancier, c'est-à-dire, suivant les cas, soit par une action de mandat, soit par une action de gestion d'affaires, soit par une action *de in rem verso*.

Remarquons que peu importe que la seconde dette ait ou non exactement le même objet que la première. En effet, dans notre droit, le débiteur changeant, par là même la dette change, de sorte qu'il suffit, pour qu'il y ait novation, que le nouveau débiteur soit différent du premier.

II

DE LA DÉLÉGATION

Pothier (Oblig., n° 600) définit la délégation « une espèce de novation par laquelle l'ancien débiteur, pour s'acquitter envers son créancier, lui donne une tierce personne, qui, à sa place, s'oblige envers ce créancier ou envers la personne qu'il indique. » Et il ajoute la définition romaine : « *delegare est vice sua alium reum dare creditori.* »

Déléguer, c'est donc faire engager une personne envers une autre, vis-à-vis de laquelle on est soi-même lié. D'où il ressort nécessairement l'intervention de trois personnes :

1° Le concours de l'ancien débiteur, appelé *délégant,* qui présente au créancier la personne qui s'engagera à sa place.

2° Le consentement de ce nouveau débiteur, appelé *délégué,* consentement indispensable pour former le lien de droit qui doit le soumettre au créancier.

3° L'adhésion du créancier, nommé *délégataire,* qui libère le premier débiteur, en considération de l'engagement du second.

Si la délégation est un moyen d'opérer la novation, elle ne l'opère cependant pas nécessairement : le second débiteur peut intervenir pour libérer le premier, ou seulement pour garantir au créancier l'exécution de son engagement. Dans le premier cas, il y a *délégation parfaite* et novation accomplie. Dans le second, il y a *délégation imparfaite,* et seulement obligation accessoire.

ARTICLE PREMIER

Délégation imparfaite.

La délégation imparfaite ne présente aucune particularité. Elle a lieu lorsque le créancier n'a point déclaré
qu'il entendait décharger son débiteur, en suite de la
délégation par lui faite.

La première obligation subsiste donc, et la seconde,
formée par l'engagement du délégué, co-existe avec
elle. « Quand il y a délégation imparfaite, disait M.
Jaubert dans son rapport au Tribunat, le créancier est
censé n'avoir agréé le délégué pour débiteur que comme
moyen de toucher plus facilement ce qui lui est dû, et
non dans l'intention de libérer le délégant. » (Locré ;
législat. civ. t. XII, p. 481.)

Le créancier délégataire, se trouvant ainsi en présence de deux personnes obligées envers lui à raison de
la même dette, peut, à son choix, l'échéance arrivée,
poursuivre l'une ou l'autre. Il n'en serait autrement
qu'autant qu'il résulterait clairement des termes de l'acte
ou des circonstances du fait que l'intention des parties
a été de faire du délégué une sorte de caution du délégant.

ARTICLE SECOND

Délégation parfaite.

Aux termes de l'article 1275, « la délégation par laquelle un débiteur donne au créancier un autre débiteur, qui s'oblige envers le créancier, n'opère point de
novation, si le créancier n'a expressément déclaré qu'il

entendait décharger son débiteur qui a fait la délégation. »

Quelques auteurs ont conclu de ce texte que l'acceptation faite de la délégation par le créancier devait être
expresse. — Cette théorie est le résultat d'une confusion,
et ne saurait être admise. L'article 1275 ne s'applique
pas à la forme de la délégation, en général : il n'est
relatif qu'aux conditions requises pour la délégation
parfaite. La délégation est une convention comme une
autre, qui se forme uniquement par le consentement des
parties, de quelque manière qu'il soit exprimé. Du moment que les parties se trouvent d'accord, il y a délégation. Mais alors se présente la question de savoir s'il
y a ou non délégation parfaite, c'est-à-dire novation
opérée. C'est là qu'intervient l'art. 1275 : il exige, pour
qu'il y ait novation, une déclaration expresse du créancier. A défaut de cette déclaration, il y a délégation
imparfaite, création d'une dette accessoire. L'art. 1275
constitue donc une dérogation à l'art. 1273, d'après
lequel la novation ne se présume pas, mais qui ne requiert point cependant une manifestation expresse d'intention : c'est un retour au droit de Justinien.

M. Larombière (t. III, art. 1276) applique au délégataire l'art. 1690 : « le délégataire, dit-il, n'est saisi, à
l'égard des tiers, de même que le cessionnaire, que par
l'acceptation du délégué dans un acte authentique (art.
1690). Et ces tiers sont, soit les autres créanciers du
délégant, soit de nouveaux délégataires ou cessionnaires.
Mais il est également saisi par la signification qu'il fait
de la délégation au délégué, soit pour suppléer son ac-

ceptation, soit pour la compléter à l'égard des tiers, si elle a eu lieu seulement par acte sous signature privée. »

Cette opinion, suivie par M. Touiller (t. IV, n. 88) et admise par un arrêt (1) doit être rejetée. La délégation parfaite n'opère pas cession de créance ; elle est, à l'instar du paiement, un mode d'extinction des obligations : elle éteint une dette, en en créant une autre ; mais elle ne transfère aucune créance.

La délégation parfaite, il est facile de s'en convaincre par ce qui vient d'être exposé, ressemble à l'expromission. Toutes deux éteignent une dette pour en créer une nouvelle à la place. Il y a cependant une différence. Dans l'expromission, c'est un tiers qui, spontanément et de lui-même, vient au secours du débiteur en s'engageant à sa place, avec ou sans son consentement. Dans la délégation parfaite, au contraire, nous avons eu soin de le faire remarquer, le débiteur présente, offre à sa place au créancier l'engagement d'une tierce personne : son concours est donc indispensable.

Différence entre la délégation parfaite et l'expromission.

Pour se rendre un compte exact des effets de la délégation, il importe de remarquer que, le plus souvent, le délégué est un débiteur du délégant ; la délégation, dans cette circonstance, offre donc un double avantage : elle éteint la dette du délégué envers le délégant, de même que la dette du délégant envers le délégataire, et elle crée une obligation entre le délégué et le délégataire.

La délégation présente le plus souvent un double avantage.

(1) Agen, 2 déc. 1851. D. P., 1852, 2, 26.

La délégation parfaite libère donc le délégant en obligeant le délégué envers le délégataire. Ce résultat est-il absolu ? Qu'arrivera-il si, postérieurement à la libération du délégant, le délégué devient insolvable ? Le délégataire aura-t-il un recours contre son ancien débiteur, le délégant, ou bien sera-t-il réduit à sa créance contre le délégué insolvable, créance qui peut-être se réduira à rien ou se soldera par un concours au marc le franc entre tous les créanciers du délégué ?

L'article 1276 répond à cette question par une distinction :

En principe, aucun recours n'est ouvert au délégataire contre le délégant. En acceptant le nouveau débiteur aux lieu et place de l'ancien, en faisant novation, il a jugé que les garanties qu'on lui offrait étaient suffisantes, et renoncé par là même à sa créance primitive. Il ne lui est pas permis de revenir sur sa détermination, et il devra subir la loi du concours s'il n'a stipulé aucune garantie spéciale.

Tel était déjà l'avis de Pothier : « régulièrement, dit-il, le délégant est pleinement libéré envers le créancier ; et le créancier n'a aucun recours contre lui, dans le cas où le nouveau débiteur à lui délégué deviendrait insolvable ; le créancier, en acceptant la délégation, a suivi la solvabilité du débiteur, qui lui était délégué ; — *nomen ejus secutus est.* »

Mais à ce principe la loi a apporté deux exceptions :

1° Le créancier a-t-il déclaré, en acceptant la délégation, que la personne du second débiteur ne lui offrait pas des sûretés suffisantes, et qu'il se réservait son recours contre le débiteur primitif? il lui est permis de recourir contre le délégant. Mais cette déclaration doit être *expresse*. De plus, comme la loi exige, pour l'exercice de ce recours, que le délégué soit devenu insolvable, il faut que cette insolvabilité soit bien démontrée. Ainsi, le vendeur qui a accepté une délégation en se réservant ses recours et ses hypothèques sur les biens vendus, ne peut diriger de poursuites contre son acquéreur qu'après avoir démontré qu'il ne peut obtenir paiement de la personne qu'il avait reçue comme débiteur. Cette preuve d'insolvabilité se fait en justifiant de diligences contre le débiteur délégué, diligences qui sont demeurées infructueuses.

Dans ce cas, le créancier recouvre-t-il contre le délégant son ancienne créance elle-même, ou est-il seulement muni contre lui d'une nouvelle action ? — Nous examinerons cette question dans un instant.

2° Le créancier a encore recours contre l'ancien débiteur quand le délégué était déjà en faillite ouverte ou était tombé en déconfiture au moment de la délégation (art. 1276).

Il faut donc que cet état de faillite ouverte ou de déconfiture existe au moment où la délégation s'est trouvée parfaite ; c'est-à-dire à l'instant où les volontés des trois parties en cause se sont rencontrées pour produire l'effet de droit.

Il faut de plus, bien que la loi ne le dise point, que le créancier délégataire, en consentant la délégation, ait ignoré l'état de faillite ou de déconfiture du delégué. La connaissance qu'il en aurait ferait, en effet, à bon droit présumer qu'il a renoncé à se prévaloir dans l'avenir de cette cause de nullité, et qu'il s'est volontairement chargé des risques de l'insolvabilité du délégué : *volenti non fit injuria.*

Il importe peu, d'ailleurs, que le délégant ait eu ou non connaissance de l'insolvabilité du délégué. Sa bonne foi peut être parfaite, et cependant un recours être donné contre lui : la loi suppose, en effet, dans cette hypothèse, que le créancier s'est tacitement réservé un recours contre le débiteur pour le cas où il serait insolvable au moment de la novation : c'est une réserve de ses droits contre le délégant, et non un recours pour cause de dol.

Comme le cas de faillite et de déconfiture est un cas d'exception, c'est au créancier qui recourt contre le délégant à démontrer l'insolvabilité du délégué au moment de la délégation. Mais la bonne foi étant toujours présumée, c'est au délégant qui proteste contre le recours exercé contre lui à prouver que le créancier connaissait cette insolvabilité du délégué.

Le créancier qui a recours contre le délégant a-t-il contre lui son ancienne créance ou seulement une action nouvelle ?

Nous arrivons à la question, grosse d'intérêts, que nous avons posée tout à l'heure. Le délégataire qui a un recours contre le délégant, son ancien débiteur, a-t-il contre lui son ancienne créance même, ou reçoit-il de là loi une action nouvelle ?

L'intérêt est frappant : si son ancienne action est conservée au créancier, elle renaît à son profit avec tous ses accessoires : priviléges, hypothèques, cautionnements. — N'a-t-il, au contraire, droit qu'à une action nouvelle, celle-ci n'est munie d'aucune garantie.

MM. Colmet de Santerre et Laurent concluent énergiquement en faveur de la résurrection de l'action ancienne. Selon eux, la novation, dans le sens de l'art. 1276, est conditionnelle ; la condition faisant défaut, la novation n'est pas accomplie, et, par suite, l'ancienne obligation subsiste.

MM. Demolombe, Aubry et Rau, Marcadé et Duranton soutiennent, au contraire, que le créancier n'a qu'une action nouvelle. Cette opinion, qui nous paraît fondée, s'appuie sur les précédents. Pothier considère la délégation comme un mandat, donné par le délégant au délégataire ; celui-ci intenterait alors, en guise de recours, l'action *mandati contraria*, action nouvelle, pure et simple.

Nous ne voudrions point affirmer que cette idée de mandat a passé dans notre Code. Mais l'argument qui nous paraît le plus probant en faveur de l'opinion qui vient d'être exposée est celui que l'on tire du mot *recours*. Le Code ne dit point que la novation sera tenue pour non avenue, pour rescindée : il accorde seulement au créancier un recours. Or, recourir contre quelqu'un c'est l'actionner en garantie, en indemnité ; ce n'est point exercer contre lui une action que l'on possédait anciennement et qui vous est rendue. Si la loi eût voulu conserver au délégataire son ancienne action, elle l'eût mentionné expressément : il ne lui en coûtait aucune périphrase.

Deux questions controversées nous restent à débattre pour compléter ce travail.

La première consiste à savoir quel recours est donné

faussement débiteur du délégant, et qui, ensuite de cette croyance, a payé le délégataire a-t-il un recours ?

M. Larombière applique à ce cas la disposition de l'art. 1377.

au délégué dans le cas où il a payé le délégataire dans la croyance que lui-même se trouvait débiteur du délégant, et que plus tard il découvre la fausseté de cette croyance.

M. Larombière fait à ce cas l'application de l'art. 1377, qui est ainsi conçu : « Lorsqu'une personne qui, par erreur, se croyait débitrice, a payé une dette, elle a le droit de répétition contre le créancier. Néanmoins, ce droit cesse dans le cas où le créancier a supprimé son titre par suite du paiement, sauf le recours de celui qui a payé contre le véritable débiteur. »

Partant de ce texte, M. Larombière distingue. Le créancier a-t-il déchargé le débiteur délégant et détruit son titre : le délégué ne saurait réclamer, malgré son erreur. S'il se faisait rembourser, en effet, il laisserait le créancier sans titre, quoique le créancier n'ait rien à se reprocher : c'est lui qui est le coupable, puisqu'il a agi légèrement, sans s'assurer qu'il était bien débiteur du délégant. Il faut donc appliquer le principe *inter patientem et errantem nulla dubitatio est.* — Au contraire, le créancier a-t-il déchargé son débiteur en conservant son titre, il ne doit point profiter de l'erreur du délégué pour maintenir l'obligation que celui-ci a contractée envers lui; il ne pourrait pas davantage retenir ce qui lui aurait été payé.

Réfutation de ce système.

Ce système est rejeté par la presque unanimité des auteurs. Le cas de l'art. 1377 et celui que nous étudions sont deux hypothèses bien différentes. L'art 1377 suppose que la personne qui se croyait débitrice a payé par erreur à celui qu'elle croyait son créancier; dans ce cas, il y a réellement une dette, mais qui pèse sur une personne autre que celle qui a payé ; il faut, en effet, distinguer si le créancier a ou non détruit son titre. L'a-t-il détruit, comme il demeurerait sans recours contre le véritable débiteur, la répétition de ce qui a été payé n'est pas admise. L'a-t-il conservé, il y a lieu à répétition, car le créancier a tout ce qui lui est nécessaire pour agir contre le véritable débiteur.

Mais, dans l'espèce qui nous occupe, nous pensons qu'il ne peut jamais être question de répétition. La dette, qui manque de cause dans le cas prévu par l'art. 1377, est ici parfaitement établie : elle résulte de la novation, qui a obligé le nouveau débiteur envers le créancier. Celui-ci a fait novation parce qu'il se croyait débiteur du délégant ; il s'est trompé, mais c'est là une erreur sur le motif, qui ne vicie en rien la convention ; ce n'est point une erreur sur la cause.

A cette raison se joint une considération accessoire. Dans le cas de l'art. 1377, si la personne qui paie une dette qui n'est pas la sienne est coupable de légèreté, la même culpabilité pèse bien aussi, quoique à un degré moindre, sur le créancier qui reçoit paiement d'une personne qui n'est pas son débiteur. Tandis que, dans le cas de délégation, comme le délégué s'engage au nom du délégant, le créancier n'a point à examiner quel motif le pousse à cet engagement : il le reçoit, et c'est tout ; ce qui se passe entre le délégant et le délégué lui est complètement indifférent.

Concluons donc que le délégué demeure obligé envers le délégataire, mais sauf son recours contre le délégant pour tout ce qu'il aura payé pour son compte.

La seconde question qui se présente est celle de savoir ce qui arriverait dans le cas où le délégant lui-même ne serait pas débiteur du délégataire, alors qu'en même temps le délégué ne serait pas débiteur du délégant.

Il se peut, en effet, que le délégant se croie, par erreur, débiteur du délégataire, ou bien qu'il veuille lui faire une donation. Quelle sera alors la situation de la personne qu'il a déléguée à ce prétendu créancier ou à ce donataire? Sera-t-elle néanmoins obligée? — Cette fois aucun doute n'est possible, la négative est évidente. Le délégué *certat de damno vitando,* tandis que le délégataire *certat de lucro captando.* La faveur de la loi est donc acquise au délégué, qui peut répéter ce qu'il a payé, ou se faire décharger de son engagement.

————

§ 3e

Novation par changement de créancier.

Il y a novation, dit l'art. 1271 « lorsque, par l'effet d'un nouvel engagement, un nouveau créancier est substitué à l'ancien, envers lequel le débiteur se trouve déchargé. »

Cette novation exige le concours de trois personnes : de l'ancien créancier; qui renonce à sa créance ; — du nouveau créancier, qui accepte l'engagement du débiteur ; — et enfin du débiteur, qui, déchargé de la première dette, en contracte un autre.

C'est dans ce fait que le débiteur contracte une nouvelle dette que réside la distinction de la novation par changement de créancier avec la cession de créance. — Quand je vous cède la créance que j'ai contre Paul, vous devenez créancier à ma place : il y a donc bien changement de créancier, et cependant il n'y a pas novation, parce que la créance qui devient votre propriété est précisément la même qui m'appartenait, telle qu'elle m'appartenait. Si nous novons, au contraire, non-seulement le créancier n'est plus le même, mais la dette aussi est différente : le débiteur est soumis à une obligation nouvelle ; et c'est pourquoi son concours est indispensable pour réaliser la novation par changement de créancier, tandis qu'il reste en dehors de la cession de créance.

La même distinction sépare cette espèce de novation de la subrogation, celle-ci n'étant qu'une cession fictive de la créance, laquelle subsiste en faveur du subrogé. Le débiteur peut intervenir et consentir lui-même la subrogation ; mais ce n'en est pas moins l'ancienne créance elle-même, avec ses accessoires, qui est transmise au subrogé.

En pratique, la novation par changement de créancier est des plus rares. La question qui a fait élever le plus de doutes, bien à tort selon nous, est celle de savoir si la saisie-arrêt pratiquée sur une somme due opère novation par changement de créancier. On l'a soutenu, en s'appuyant sur ce que l'art. 1242 déclare non valable à l'égard des créanciers saisissants le paiement fait au mépris de la saisie-arrêt.

Mais la raison n'est que spécieuse. Le créancier saisissant agit en vertu de l'art. 1166 : il exerce le droit de son débiteur, de sorte que la saisie-arrêt n'est que la notification au débiteur de la somme frappée de saisie, du droit qu'ont les créanciers de toucher eux-mêmes cette somme, au nom et pour le compte de leur débiteur, qu'ils représentent dans l'affaire.

La saisie-arrêt n'opère donc point novation, puisque le créancier reste le même, ses propres créanciers le représentant en exerçant ses droits en vertu de l'art. 1166.

APPENDICE

De la novation

DANS L'ARTICLE 879 DU CODE CIVIL

Les créanciers d'une personne défunte ont le droit de demander la séparation du patrimoine de ce défunt d'avec le patrimoine de l'héritier, afin d'être payés sur ce premier patrimoine, à l'exclusion des créanciers personnels de l'héritier. — Cependant, dit l'art. 879, « ce droit ne peut plus être exercé lorsqu'il y a *novation* dans la créance contre le défunt, par l'acceptation de l'héritier pour débiteur. »

Que signifie le mot *novation* employé dans l'art. 879 du Code civil ?

Cette novation n'a guère, avec la novation de l'article 1271, d'autre analogie que celle du nom. Elle n'exige point de créancier nouveau, point de dette nouvelle substituée à l'ancienne, enfin point de nouveau débiteur, puisque l'héritier représente le défunt. Il suffit, pour que cette *novation* particulière se produise, que le créanciers acceptent l'héritier pour débiteur. Cette acceptation leur donnera une position *nouvelle*, et de créanciers du défunt qu'ils étaient auparavant, les rendra créanciers de l'héritier. Cette acceptation devra-t-elle être expresse ? — Non ; on applique l'article 1273, d'après lequel la novation ne se présume pas, mais qui n'exige pas une manifestation expresse de volonté. Le juge appréciera si, en accomplissant tel ou tel acte, le créancier a voulu accepter l'héritier pour débiteur.

Cependant, il est des circonstances qui ne permettent pas de doute sur l'intention qu'a eue le créancier.

Ainsi, le créancier accepte-t-il du débiteur un gage, une caution, une hypothèque, il y a novation opérée dans le sens de l'art. 879. De même s'il change le mode ou les conditions du paiement. Toutefois on ne devrait pas déclarer déchu du droit de demander la séparation des patrimoines le créancier du défunt qui aurait consenti un délai à l'héritier : cette demande de délai a pu être faite par l'héritier en qualité d'administrateur de la succession.

Il y a encore acceptation de l'héritier pour débiteur dans ce fait du créancier de recevoir de lui une délégation sur un tiers, alors même qu'il n'aurait pas déchargé l'héritier, car c'est recevoir de celui-ci une sûreté, et par suite le considérer comme débiteur.

Il y a encore novation quand les biens de l'héritier ont été, en présence du créancier, vendus concurremment avec ceux du défunt. De même, quand le créancier a pris inscription personnellement sur l'héritier.

Il va sans dire que l'emploi des mesures conservatoires autorisées par la loi n'entraîne pas novation. Ainsi, le créancier peut, sans danger, signifier à l'héritier les actes exécutoires contre le défunt.

DEUXIÈME PARTIE

———

CONDITIONS ET ÉLÉMENTS
DE LA NOVATION

———

Comme toute convention, la novation suppose des parties capables d'agir, l'intention des cocontractants, et enfin un objet et une cause.

Nous étudierons donc successivement :

1º La capacité des parties (art. 1272).

2º La volonté de nover (art 1273).

3º Les dettes susceptibles d'être novées, et les dettes qui peuvent en nover d'autres.

———

§ 1er.

Capacité des parties.

Le droit romain n'autorisait à faire novation que celui qui avait pouvoir de recevoir le paiement de la créance qu'il s'agissait de nover. Pothier suit le même principe : « celui qui nove, dit-il, reçoit en paiement la nouvelle obligation. » Il donne, en conséquence, à tous ceux qui ont qualité pour recevoir le paiement de la créance le pouvoir de la nover : le créancier solidaire, le tuteur peuvent, selon lui, nover.

La novation exige une capacité plus étendue que le paiement.

Cette donnée est-elle exacte ? La novation et le paiement sont-ils aussi équipollents qu'on a bien voulu le dire ? — Les rédacteurs du Code ne l'ont point pensé ainsi. Sans doute, la novation a, avec le paiement, cet effet commun d'éteindre la dette ; mais elle en diffère en ce qu'elle ne l'éteint pas, comme lui, par la prestation de l'objet dû lui-même ; elle ne l'anéantit, nous l'avons dit plus d'une fois, qu'en lui substituant une nouvelle obligation. Il faut donc, pour être capable de nover, d'abord pouvoir donner quittance de la première dette, et ensuite être capable d'en créer une autre. C'est dire que la novation exige, de la part de son auteur, une capacité plus étendue que le paiement.

Pour nover, il faut être capable de contracter.

L'art. 1272 a déclaré avec raison, en partant de cette idée, que « la novation ne peut s'opérer qu'entre personnes capables de contracter. » Il eût été plus précis s'il eût ajouté que le créancier devait être, en outre, capable d'aliéner sa créance.

Le principe posé, reste à en faire les applications.

Le tuteur peut-il nover une créance de son pupille ? MM. Aubry et Rau distinguent.

Le tuteur peut-il nover ? — Question qui a soulevé bien des discussions. MM. Aubry et Rau distinguent : selon eux, le tuteur d'un créancier mineur ne peut consentir la novation d'une obligation garantie par une hypothèque ou par un cautionnement, à moins que l'hypothèque ne soit réservée ou que la caution n'accède au nouvel engagement. La renonciation à de telles sûretés excède ses pouvoirs. Mais s'agit-il d'une créance chirographaire, qu'aucune sûreté spéciale ne protége, le tuteur a le droit d'en faire novation, sous sa responsabilité personnelle. M. Larombière adopte la même distinction.

D'autres auteurs, parmi lesquels on remarque M. Laurent, interdisent au tuteur toute espèce de novation. A leur avis, cet acte excède les pouvoirs d'administration du tuteur, lequel, en novant, pourrait gravement compromettre le patrimoine de son pupille.

D'autres refusent au tuteur le droit de nover.

Ces opinions nous paraissent l'une et l'autre erronées. En sa qualité d'administrateur, le tuteur a le droit de recevoir le montant des créances du pupille, comme aussi d'en faire emploi. En novant, il ne fait qu'user de ce double pouvoir.

Nous pensons que le tuteur peut nover.

Le créancier solidaire peut-il faire novation? — Pothier décidait l'affirmative (Obligations, n° 591), d'après le droit romain, où chaque créancier solidaire était considéré, dans ses rapports avec le débiteur, comme étant seul et unique créancier; d'où la conséquence que l'obligation éteinte à son égard d'une manière quelconque, l'était également vis-à-vis de tous.

Le créancier solidaire peut-il nover? Il le pouvait en droit romain et dans notre ancien droit.

Autre est le système du Code. Dans notre législation, les créanciers solidaires sont réputés de droit associés entre eux; aucun d'eux ne peut disposer individuellement de la totalité de la créance; chacun, pour ce qui excède sa part dans cette créance, n'a qu'un simple mandat de ses cocréanciers à l'effet de poursuivre et de recevoir le paiement de ce qui est dû aux autres.

Dans notre droit, le créancier solidaire ne peut consentir novation que pour sa part dans la créance.

Ainsi, en novant, le créancier solidaire excède ses pouvoirs en ce qui concerne la part revenant à ses co-créanciers dans la chose due. Il ne peut disposer valablement que de ce qui lui appartient. La novation par lui consentie ne peut donc nuire aux autres créanciers, qui ont toutefois le droit de ratifier ce qu'il a fait et d'en profiter, si bon leur semble.

Le débiteur incapable qui s'engage en novant peut faire annuler son obligation.

Le débiteur qui s'engage en faisant novation, doit être capable de contracter, c'est-à-dire de s'obliger. Si un débiteur incapable fait novation, le sort de cet acte sera celui de tout acte accompli par un incapable : celui-ci, mais lui seul (art. 1125), pourra invoquer son incapacité pour faire annuler l'obligation qu'il a consentie.

Quand l'obligation contractée ensuite de la novation est annulée, la première créance revit-elle ?

Oui, en principe.

Dans ce cas, l'ancienne dette, que la novation avait éteinte, revivra-t-elle ? — Nous pensons, avec MM. Aubry et Rau, que, en principe, il faut se décider pour l'affirmative : l'intention que l'on doit présumer avoir été celle du créancier, jusqu'à preuve du contraire, est de changer sa créance contre une autre créance valable. Nous savons bien qu'on peut invoquer contre cette opinion la maxime : *nemo ignarus esse debet conditionis hujus cum quo contrahit.* Mais il est à remarquer qu'en traitant avec le mineur, le créancier acquiert une créance parfaitement valable, qui ne sera annulée qu'autant que le mineur le demandera ; le créancier a fort bien pu ne consentir la novation que sous la condition, tacitement sous-entendue, que le mineur ratifiera l'obligation qu'il a contractée, n'en demandera pas la nullité. — C'est là l'intention qu'il faut lui prêter jusqu'à preuve du contraire.

Toutefois, si, en un cas donné, à raison de circonstances quelconques, le créancier a manifesté son intention de se contenter d'une obligation annulable en échange de la précédente, on doit se conformer à cette intention. La novation sera alors définitive, et l'ancienne obligation à jamais éteinte.

A moins que le créancier n'ait manifesté l'intention du contraire.

---

§ 2e

De la volonté de nover.

Il peut être fort difficile de distinguer la novation de certaines autres opérations. Dans un acte, les uns peuvent voir une novation, d'autres une simple modification de l'obligation antérieure. Là où il y a une garantie apportée par l'adjonction d'une caution, on peut penser qu'il existe une novation par changement de débiteur. Ou bien, un tiers désigné pour recevoir le paiement de la dette peut apparaître comme un nouveau créancier substitué à l'ancien. C'est le cas de dire : *Quot capita, tot sensus.*

Avant Justinien, en droit romain, on recherchait l'intention des parties, et on puisait les éléments de preuve de cette intention à toutes les sources : une simple présomption suffisait, conformément à la règle générale qui admettait, sans restriction et en toute matière, la preuve testimoniale.

Dans l'ancien droit romain, l'intention des parties en matière de novation se prouvait par toute espèce de moyens.

Justinien, voulant réformer cette source d'abus et de

Justinien exige une

manifestation
expresse
d'intention.

contestations, exigea, du moins dans l'opinion générale, que la volonté de nover fût manifestée expressément par les parties, à défaut de quoi il n'y aurait pas novation.

Notre ancien
droit ne
demande que
la volonté
évidente de
nover.
Que veut
exprimer
notre Code
quand il dit
que la volonté
de nover ne
se présume
point?

Dans notre ancien droit, on devint moins rigoureux : il suffit que la volonté de nover fût évidente.

Notre Code a suivi, pour la novation, la règle ordinaire applicable à toute convention : il exige l'accord des parties, lequel se manifeste par le consentement du créancier à la novation. Le créancier qui nove renonce à sa créance; or personne n'est présumé renoncer à un droit qui lui est acquis : les libéralités ne se présument point. Il faut donc que cette intention de renoncer soit manifestée de manière à ce que les juges ne puissent avoir de doutes. Et c'est ce que l'art. 1273 exprime lorsqu'il dit : « la novation ne se présume point; il faut que la volonté de l'opérer résulte clairement de l'acte. » — « Toute novation, disait l'orateur du gouvernement lors de la discussion du projet, toute novation étant un contrat nouveau substitué à l'ancien, il faut que la volonté de former ce contrat résulte clairement de l'acte. La renonciation aux droits que donnait la première obligation ne doit pas dépendre d'une présomption, et si l'on n'exige pas une déclaration en termes précis et formels, il faut au moins que l'intention ne puisse être révoquée en doute. » — Le rapporteur du Tribunat dit, de son côté : « Faut-il que les parties déclarent explicitement qu'elles veulent faire novation? Une des dernières lois romaines l'avait ainsi prescrit. Il nous semble que notre projet a adopté une disposition judicieuse, en exigeant seulement que la volonté d'opérer la novation résulte clairement de l'acte. La loi ne pouvait consacrer une formule. Il ne serait pas raisonnable que l'absence d'un mot pût empêcher les juges de déclarer qu'il y a eu novation dans un acte, lors même que toutes les clauses de l'acte auraient fait éclater la volonté que les parties avaient eue de faire novation. » (Locré, t. vi, p. 173 et 214.)

Quelques interprètes judaïques de la loi, s'en tenant au texte même de l'art. 1273, ont émis l'avis qu'il fallait que la novation résultât de l'acte même qui renferme la convention ; qu'il n'y avait pas d'autre moyen de preuve admis ; que, par suite, les présomptions étaient exclues : la novation ne se présume point.

Cette manière de voir n'a rencontré que de l'opposition auprès de la plupart des auteurs. Qu'on blâme la rédaction de l'art. 1273, nous le voulons bien : elle eût pu être plus précise. Mais l'intention du législateur apparaît trop évidente à travers l'ambiguité des termes pour qu'on puisse jouer sur les mots et en travestir la signification. Non, la novation ne se présume point ; cela est certain ; mais nous avons dit dans quel sens il fallait entendre ces expressions. Elles signifient qu'il faut la volonté de nover, et que cette volonté doit ressortir clairement de ce qui s'est passé entre les parties. Mais ce texte, relatif seulement à la question d'intention, est totalement étranger à la question de preuve. La novation est une convention comme une autre, et soumise aux preuves ordinaires. Les présomptions seront admises au même degré que la preuve testimoniale, par exemple, quand il y aura un commencement de preuve par écrit.

Ainsi, la novation se prouve par toute espèce de·

moyens, comme une convention ordinaire. Un acte n'est point nécessaire, comme semble le faire entendre la mauvaise rédaction de l'art. 1273. Le législateur a toujours eu soin de mentionner expressément la nécessité d'un écrit dans le cas où il a jugé opportun qu'un acte fût dressé. Il ne l'a point fait pour la novation et l'a ainsi laissée sous l'empire du droit commun.

La décision des juges en matière d'interprétation d'intention des parties dans le cas de novation, est-elle soumise au contrôle de la Cour de cassation? Ne faut-il pas distinguer?

On sait que c'est aux juges du fait qu'il appartient d'apprécier les termes des actes ou les circonstances de l'espèce pour reconnaître, d'après ces éléments, la véritable intention des parties. Leur décision est-elle souveraine et échappe-t-elle à la censure de la Cour de cassation? — Non, à coup sûr; la question exige une distinction.

Sur les points de fait, les juges ordinaires statuent sans recours : ils consultent les actes et en mettent en lumière les dispositions; ils interrogent les circonstances, — et tout ce qu'ils découvrent et constatent est tenu pour vrai.

Mais viennent-ils à déduire les conséquences des actes qu'ils ont étudiés, viennent-ils à tirer les conclusions des circonstances qui leur ont été rapportées ; alors leur manière de voir est soumise au contrôle de la Cour suprême, laquelle a à examiner si les caractères légaux constituant la novation résultent bien des faits et écrits désignés, et si les juges n'ont pas fait du droit une fausse application. — Telle est la distinction qu'a formellement consacrée l'arrêt de cassation du 12 décembre 1866.

Ainsi, et en résumant l'art. 1273, il n'y a pas novation sans manifestation non équivoque d'intention.

L'art. 1275 et l'art. 1277 peuvent être considérés comme une suite immédiate et une conséquence naturelle de cette idée.

L'art. 1275 dispose que la délégation n'opère point novation si le créancier n'a *expressément* déclaré qu'il entendait décharger son débiteur qui a fait la délégation. — Sans doute, il faut une déclaration expresse; il faut que le consentement du créancier ne puisse être douteux ; c'est toujours la conséquence du principe que les libéralités ne se présument point et qu'il faut qu'elles soient démontrées. Le créancier qui reçoit la déléga-^tion, en novant, décharge son ancien débiteur; on comprend donc que le Code ait exigé de sa part la manifestation d'une volonté bien établie. Dans le doute, on pensera qu'il a voulu avoir deux débiteurs, et non qu'il a voulu remplacer le premier par un nouveau.

D'après l'art. 1277, la simple indication faite par le créancier d'une personne qui doit recevoir pour lui n'opère pas novation. — C'est la même théorie : le créancier n'est pas censé renoncer à sa créance sans qu'il soit bien établi que telle a été son intention. Or cette intention ne saurait résulter de ce qu'il a chargé un tiers de recevoir un paiement pour lui. C'est toujours envers lui que le débiteur demeure engagé; la dette est la même ; seulement le créancier, par un motif quelconque, de libéralité ou de commodité, a confié à une tierce personne le soin de recueillir la somme due, mais cela sans lui faire abandon de sa créance.

De même, il n'y a pas novation quand le débiteur désigne un tiers qui paiera pour lui. Il n'est point déchargé par cette déclaration; il faudrait, pour qu'il fût libéré, qu'il retirât du créancier quittance de ce qui lui est dû. Et bien loin de là, c'est lui qui sera poursuivi si le paiement n'a pas lieu conformément aux conventions.

------

§ 3ᵉ

Des dettes qui peuvent être novées et par quelles dettes elles peuvent l'être.

Nous avons dit, en commençant cette étude, que la novation supposait une double obligation : l'une liant actuellemeut les parties et qui devait être éteinte; l'autre se substituant à la première et l'éteignant en prenant sa place.

Ce mécanisme fonctionnera-t-il encore si l'une ou l'autre des obligations est affectée d'un vice quelconque, qui rende son existence ou incertaine ou nulle ? — Telle est la question qui se pose présentement. Y donner une réponse générale, embrassant toutes les hypothèses, serait impossible. Nous examinerons successivement ce qui arrive quand l'une des obligations est inexistante, annulable, ou conditionnelle.

I

LA PREMIÈRE OBLIGATION EST INEXISTANTE

Dans cette hypothèse, aucune novation n'est possible. La novation suppose, en effet, deux obligations, dont l'une remplace l'autre. La première est la cause de la seconde : on contracte pour éteindre l'obligation qui lie présentement les parties. L'ancienne dette étant la cause de la formation de la nouvelle, si elle n'existe pas, celle-ci se trouvera dépourvue de cause, et par suite nulle.

Vous devez livrer une maison à Pierre. Vous faites novation de cette obligation, que vous remplacez par l'obligation de payer dix mille francs, au lieu de livrer la maison. Seulement, au moment où vous rédigiez cette convention, la foudre avait consumé votre immeuble, qui se trouvait ainsi avoir péri par cas fortuit ; de sorte que vous vous trouviez libéré. La novation manquait de cause : elle est nulle et non avenue.

Disons-en autant si la première obligation avait une cause contraire aux lois ou aux bonnes mœurs.

II

LA PREMIÈRE OBLIGATION EST ANNULABLE

Tout à l'heure, nous avions une obligation nulle, dépourvue d'existence. Ici nous sommes en face d'une dette qui existe réellement, qui existe si bien que si, dans les dix ans, la nullité n'en a pas été demandée, elle sera inattaquable.

On voit que la question est loin d'être la même, puisque nous avons à nous demander ici si l'obligation a une force de vitalité suffisante pour donner naissance à une autre obligation, qui prendra sa place.

En d'autres termes, la novation ainsi faite confirmerait l'ancienne obligation, dans le sens de l'art. 1338 ; et il faut savoir si elle a ce pouvoir de ratification.

Si la novation a lieu par changement d'objet ou bien par changement de créancier, aucun doute sérieux n'est possible : le débiteur reste le même ; il a le pouvoir de confirmer l'obligation qu'il a contractée ; la novation est valable et régulière. Mais cela suppose, bien entendu, que, conformément à l'art. 1338, le débiteur connaît les vices de l'obligation qu'il nove et a l'intention de les réparer par cette novation. S'il les ignorait, la novation pourrait être par lui attaquée pour cause d'erreur.

Cette novation, qui est, en somme, une confirmation, n'a point besoin d'être faite suivant la forme prescrite par l'art. 1338 ; cette forme est déterminée rigoureusement seulement pour les actes confirmatifs, et point pour les actes qui ont pour effet accessoire seulement d'entraîner confirmation.

Mais que décider quand la nouvelle obligation qui a été substituée à l'obligation annulable, a été contractée par un nouveau débiteur? La novation est-elle valable, ou bien le nouveau débiteur peut-il invoquer, pour se décharger, en faisant anéantir la novation, la nullité qui affectait l'ancienne dette ?

Marcadé soutient que la novation est valable du moment que le débiteur nouveau a agi en connaissant le vice de la première obligation.

Les meilleurs auteurs appliquent au débiteur qui a fait novation en intervenant à la place d'un autre, les principes qui régissent la caution (art. 2012 et 2036). Ils en concluent que la novation pourra être attaquée par le nouveau débiteur, si l'exception de nullité qu'il invoque n'est pas personnelle à l'ancien débiteur, et s'il a ignoré, en contractant, le vice qui rendait l'ancienne dette annulable ; ainsi en serait-il dans le cas où il aurait pris à sa charge une dette nulle faute d'objet. Mais la novation sera inattaquable si l'exception était purement personnelle à l'ancien débiteur, et que le nouveau contractant en eût connaissance au moment où il s'obligeait ; ainsi serait irrecevable l'exception tirée de la minorité du premier débiteur, si le nouveau débiteur avait, en s'engageant, connaissance de cette particularité.

Une obligation naturelle peut-elle être novée par une obligation civile? — Oui, certainement. L'obligation naturelle est, en effet, celle qui n'est pas pourvue d'une action, parce qu'aux yeux de la loi, il lui manque la reconnaissance, l'aveu de l'obligé. Or, en acceptant de nover, celui-ci fait précisément cet aveu qui manquait; la nouvelle obligation a donc une cause, elle est valable.

La jurisprudence n'admet pas que les dettes de jeu puissent être novées ; elle regarde leur cause comme illicite. — Les auteurs critiquent cette manière de voir ; ils déclarent que, si on ne peut nover la dette de jeu, ce n'est point parce que sa cause est illicite, mais bien parce que les dettes de ce genre présentent un caractère tout à fait particulier, qui les classe à part parmi les dettes naturelles. Nous avouons n'avoir pu comprendre le sens et la portée de cette critique. L'explication donnée par la jurisprudence nous paraît parfaitement plausible. La loi, dit-on, semble, pour cette catégorie de dettes, avoir émis des dispositions spéciales dans le but pratique de protéger les joueurs contre leurs entraînements. Sans doute; mais ces dispositions assimilent les dettes de jeu aux dettes naturelles en ne les munissant pas d'action, d'une part, et, d'autre part, en interdisant la répétition des sommes payées en acquit d'une dette de jeu.

Une dette prescrite peut-elle être novée ? — Sans aucun doute. La prescription, dans notre droit, n'est admise qu'autant qu'on l'oppose. Tant qu'elle n'a pas été opposée, la dette existe comme dette civile, dont on peut réclamer l'exécution. Si le débiteur auquel on propose la novation veut opposer la prescription, il en a le pouvoir ; la novation ne se réalisera pas, la première dette n'existant pas ; s'il ne l'oppose pas, il est encore dans son droit, car on peut renoncer à la prescription acquise (art. 2220), — la novation sera dès lors parfaite.

III

LA PREMIÈRE OBLIGATION EST CONDITIONNELLE

Peut-on nover une dette conditionnelle ? — Le premier mouvement est de répondre négativement : en effet, la condition suspend l'existence de l'obligation ; or, on ne peut nover le néant.

Une telle conclusion serait cependant trop rigoureuse. Le créancier conditionnel n'est pas actuellement possesseur de sa créance, en ce sens qu'il ne peut l'exercer dès maintenant ; mais il n'en a pas moins des droits actuels, transmissibles à ses héritiers (art. 1179 et 1180). Ces droits existent. Si, plus tard, la condition se réalise, elle rétroagira : le créancier sera réputé avoir été toujours créancier. Si, au contraire, elle défaille, il ne sera plus question de dette.

Ainsi, en novant, on nove un droit qui peut-être verra son existence confirmée, peut-être se verra absolument et entièrement anéanti. L'avenir décidera. L'existence du droit est-elle confirmée, la novation a eu une cause ; elle est valable. La défaillance de la condition empêche-t-elle le droit de naître, la novation ne se produit pas. — On voit que la novation d'une dette conditionnelle est elle-même conditionnelle. Concluons-en, en faisant application de l'art. 1182, que si le corps certain qui faisait l'objet de la première dette vient à périr, l'obligation ne pouvant plus se former faute d'objet, la novation sera non avenue, lors même que la condition viendrait à s'accomplir.

La novation d'une dette conditionnelle est elle-même conditionnelle.

Remarquons toutefois que la novation d'une dette conditionnelle ne sera pas toujours elle-même conditionnelle ; le contraire peut arriver. Ainsi en sera-t-il si le créancier a entendu faire un contrat ferme, en renonçant à sa créance douteuse, pour un droit de valeur moindre, mais assuré. Une semblable novation n'aurait rien de conditionnel ; c'est une sorte de contrat aléatoire, définitif.

Cependant, la novation d'une dette conditionnelle peut être un contrat ferme.

IV

LA SECONDE OBLIGATION EST INEXISTANTE

La novation suppose, nous le savons, une double obligation, la seconde prenant le lieu et la place de la première. Si cette seconde obligation manque, il n'y a pas de novation opérée. Par suite, la première dette

L'inexistence de la seconde obligation rend la novation impossible.

subsiste, la renonciation du créancier à sa créance ayant sa cause dans la création d'une nouvelle obligation.

Ainsi arriverait-il dans le cas où, au moment de la novation conclue entre les parties, l'objet de la deuxième obligation aurait péri. De même encore si la seconde obligation avait une cause illicite.

V

LA SECONDE OBLIGATION EST ANNULABLE

Une dette valable peut-elle être définitivement novée par une dette annulable ?

Paul me doit mille francs. Son héritier, qui est mineur, s'oblige à me donner, à la place de cette somme, cent mesures de blé. Plus tard, il demande et obtient l'annulation de son obligation nouvelle. L'ancienne dette subsiste-t-elle ? Ou bien, au contraire, la novation l'a-t-elle définitivement éteinte ?

La novation avec un incapable peut être un contrat ferme.

Remarquons tout d'abord que le créancier, en faisant novation avec un incapable, a pu vouloir se contenter de la créance que celui-ci lui donnait en échange de la précédente. C'est son droit incontestable ; il pourrait donner, céder sa créance ; ne peut-il l'exposer, si cela lui convient, en s'en rapportant à la parole d'un mineur, d'un incapable ? Si, assurément. Et, en ce cas, la novation sera parfaite et irrévocable. Si l'incapable fait annuler son obligation, le créancier demeure sans droit aucun.

Dans le cas d'annulation

Mais laissons de côté cette hypothèse, et revenons à

notre question. Elle présente de grandes difficultés, et les auteurs les plus autorisés osent à peine se prononcer.

Suivant MM. Toullier, Duranton, Larombière, la première obligation ne revivra pas. Elle est éteinte définitivement, non par la formation de l'obligation nouvelle, mais bien par la renonciation du créancier. En novant, le créancier a manifesté son intention de renoncer à sa créance ; et s'il y a eu erreur de sa part, erreur qui vicie sa renonciation et la rende annulable, c'est à lui à démontrer l'existence de cette erreur, et à faire ainsi revivre son ancienne créance.

Cette théorie nous paraît peu juridique. — En effet, c'est la création de la nouvelle obligation qui entraîne l'extinction de la première. La novation n'est pas une renonciation pure et simple. C'est un changement de dette : le créancier renonce à l'obligation contractée envers lui, parce qu'on contracte un nouvel engagement à son profit. Si cette substitution se trouve n'avoir pas lieu, il n'y a rien de fait, et l'ancienne créance subsiste toujours.

Nous croyons donc qu'en principe l'ancienne obligation revit. Et nous ne nous appuyons pas seulement, pour l'affirmer, sur le mécanisme de la novation. Nous rencontrons, dans le Code, une disposition toute en notre faveur. L'art. 1312 dispose, en effet, que « lorsque les mineurs, les interdits et les femmes mariées sont admis, en cette qualité, à se faire restituer contre leurs engagements, le remboursement de ce qui aurait été, en conséquence de ces engagements, payé pendant la minorité, l'interdiction ou le mariage, ne peut être exigé, *à moins qu'il ne soit prouvé que ce qui a été payé a tourné à leur profit.* »

Or, dans notre espèce, l'héritier mineur de Paul a obtenu de moi décharge de sa dette, en retour d'un engagement par lui contracté envers moi. Il fait annuler cet engagement. Il doit, par suite, me rendre ce qui a tourné à son profit. Et ce qui a tourné à son profit, c'est précisément cette décharge que je lui ai donnée. Il doit donc se trouver replacé dans les liens de la précédente obligation.

M. Demolombe, qui admet cette doctrine, croit devoir faire expressément une réserve pour le cas où le vice qui entraîne l'annulation de la seconde obligation serait imputable au créancier lui-même. — C'est là chose évidente, personne ne peut profiter de sa faute. Le créancier se trouvera alors complètement désarmé.

VI

LA SECONDE DETTE EST CONDITIONNELLE

La novation d'une dette pure et simple par une dette conditionnelle est elle-même conditionnelle.

Quand une obligation pure et simple est novée par une obligation conditionnelle, la novation devient elle-même conditionnelle. Si la condition se réalise, la seconde dette subsiste seule. Si la condition défaille, la première obligation revit, ou, pour mieux dire, demeure seule ; car, du moment que la nouvelle dette n'a pu naître, l'ancienne n'a pu cesser d'exister.

Tant que la condition est en suspens, les droits des parties sont ceux des créanciers et des débiteurs conditionnels. La seconde obligation a-t-elle été contractée sous condition résolutoire, le créancier peut en exiger sur-le-champ l'exécution. La condition vient-elle ensuite à se réaliser, il devra restituer le bénéfice qui lui a été procuré par le paiement de l'obligation. — Si la seconde obligation a été contractée sous condition suspensive, le créancier n'a aucun droit actuel : il doit demeurer dans le *statu quo* jusqu'à ce que la condition se réalise ou défaille.

Mais n'oublions pas l'observation que nous avons déjà faite sur le cas précédent : c'est que le créancier a fort bien pu vouloir abandonner la créance certaine qu'il avait, en échange d'une créance incertaine, conditionnelle, plus considérable que la première. Le contrat étant dès lors un contrat aléatoire, la novation est non plus conditionnelle, mais ferme.

Cependant, une semblable novation pourrait être un contrat ferme.

TROISIÈME PARTIE

—————

EFFETS DE LA NOVATION

—————

Le Code a classé la novation au nombre des modes d'extinction des obligations. Le but, l'effet principal de la novation est d'éteindre une obligation, comme le pourrait faire le paiement. Mais elle l'éteint en en mettant une nouvelle à la place de celle qui disparaît.

Faut-il en conclure que la nouvelle obligation ainsi formée prendra la nature et le caractère de la précédente? — En aucune façon; nous avons vu qu'on pouvait nover une dette civile par une dette commerciale, une dette pure et simple par une dette conditionnelle ou annulable, et que la dernière dette conservait son caractère propre. Le droit du créancier dérive désormais uniquement de la seconde obligation.

Avant tout, se pose une question des plus graves. L'effet de la novation, c'est-à-dire la libération du débiteur, est-il subordonné à l'exécution effective de l'obligation? L'inexécution de la seconde fait-elle revivre la première?

dette fait-elle revivre la première?

De nombreux cas peuvent se présenter.

Une vente a lieu. Au lieu d'exiger en paiement une somme d'argent payable comptant ou à terme, le vendeur a stipulé une rente. Si le débiteur de la rente cesse le paiement pendant deux années, le crédirentier peut bien le contraindre au rachat (art. 1912); mais il n'a plus d'autre ressource. Vainement voudrait-il agir en résolution de la vente pour défaut de paiement du prix (art. 1654); la novation a changé son titre : il est crédirentier, mais non plus vendeur; la résolution de la vente atteindrait des tiers; elle lui est interdite.

La stipulation de rente au lieu d'un prix fixe, transforme-t-elle le droit du vendeur?

Le contraire a pourtant été soutenu. On a argumenté de l'art. 1184, d'après lequel la condition résolutoire est sous-entendue dans tous les contrats synallagmatiques, pour le cas où l'une des parties ne satisfait pas à ses engagements; d'où il résulte, dit-on, que l'ancienne dette revit telle qu'elle était auparavant, puisque le débiteur a manqué à sa promesse. — Cette argumentation a été combattue par M. Toullier, qui a fort bien démontré que l'art. 1184 régissait les rapports des parties entre elles, mais ne pouvait atteindre les tiers, qu'il léserait dans leurs intérêts les plus légitimes.

Un exemple curieux se rencontre en matière commerciale. Quand un billet à ordre ou une lettre de change n'est pas payé, le porteur et le souscripteur peuvent convenir de substituer une nouvelle dette à l'ancienne, qui est éteinte. C'est ce qu'on appelle un *renouvelle-*

Novation par renouvellement d'une lettre de change.

ment. Pour n'avoir pas à craindre d'être inquiété à raison de l'ancien titre, le débiteur doit avoir soin de le retirer, ou de mentionner qu'il est la cause de la nouvelle obligation, du nouvel effet. Quand semblable opération est faite, la première dette étant éteinte avec tous ses accessoires, ceux-ci ne passent point à la nouvelle. Les endosseurs, les garants, qui s'étaient engagés à raison de cette première obligation, sont donc libérés, à moins que, comme le permet l'art. 1281, ils n'aient accédé au nouvel engagement.

Eh bien ! ceci établi, supposons que, moins de dix jours après que ce nouvel effet a été souscrit, le débiteur vienne à tomber en faillite. L'ancienne dette revit-elle ? Nous le pensons ; mais avec cette réserve expresse que les endosseurs sont désormais à l'abri de toute poursuite. Lors de l'échéance, au lieu de recourir au protêt pour assurer sa créance, le porteur de l'effet a nové avec le débiteur. Ses garanties sont perdues à jamais, car les endosseurs peuvent lui opposer ce défaut de protêt.

La question la plus controversée est celle qui se présente sur la dation en paiement.

Voici l'hypothèse :

Un créancier d'une somme quelconque reçoit en paiement un immeuble. Il en est ensuite évincé. Cette éviction rend-elle l'existence à la première dette, ou bien la novation subsiste-t-elle ? — M. Laurent conclut, sans hésitation, en faveur de cette dernière solution. La novation, dit-il, éteint la première dette. A moins de réserves expresses, le créancier n'a contre son débiteur que l'action personnelle en garantie.

Suivant une autre doctrine, que nous adopterions de préférence, une distinction serait indispensable.

L'éviction qu'a subie le créancier peut provenir de ce que le débiteur qui a fait la dation en paiement n'était pas propriétaire. Dans ce cas-là, l'ancienne dette doit revivre. En effet, pour payer valablement, il faut être propriétaire de la chose donnée en paiement (art. 1238) ; et cette règle est vraie de la dation en paiement comme du paiement ordinaire. Le débiteur donc qui donne en acquit de sa dette la chose d'autrui, fait un paiement nul, sans valeur. Or, une obligation nulle ne peut opérer novation ; nous l'avons vu précédemment. — La conclusion nécessaire est que la première dette subsiste, telle qu'elle était auparavant ; seules, par une exception de la loi qui les voit d'un œil favorable, les cautions sont déchargées (art. 2038).

Mais l'éviction du créancier peut résulter d'une tout autre cause que le défaut de propriété du débiteur. Ainsi, depuis la loi du 23 mars 1855, il a pu vendre, postérieurement à la dation en paiement, le même immeuble à une autre personne qui a opéré la transcription de la vente avant que le créancier ait fait transcrire la dation en paiement. Dans cette hypothèse, rien ne viciait la dation en paiement ; le créancier n'a qu'une action personnelle en garantie qui ne tient en rien de sa première créance, laquelle a été définitivement éteinte par une novation parfaitement valable et régulière.

I

Effet de la novation a l'égard des cautions.

Novation
d'une dette
garantie par
des cautions.

L'art. 1281 dispose que « la novation opérée à l'égard du débiteur principal libère les cautions. » — Cela allait de soi : l'obligation principale disparaît : comment l'obligation accessoire pourrait-elle survivre ? *Accessorium sequitur principale.*

Le créancier
qui nove ne
peut stipuler
l'adhésion
des cautions
à la nouvelle
dette sans le
consente-
ment de ces
dernières.

Cependant, le créancier peut mettre pour condition à la novation que la caution accèdera à la nouvelle dette, et la garantira comme elle garantissait la première. La caution peut, de son côté, accepter cet arrangement ou refuser son adhésion ; au premier cas, la novation est parfaite ; au second cas, elle n'a pas lieu.

Critique de
cette
disposition.

Cette disposition de la loi a donné lieu à des critiques. Nous verrons plus loin qu'il est permis au créancier de se réserver les priviléges et hypothèques qui garantissaient l'ancienne créance. Or la loi ne permet de réserver la garantie du cautionnement qu'avec le consente_ ment exprès des cautions. On a vu là une anomalie ; car, a-t-on dit, cette manière d'agir n'aggraverait en rien la position des cautions, qui ne seraient jamais obligées que jusqu'à concurrence de ce à quoi elles s'étaient précédemment engagées. — Que ces critiques soient fondées, cela est possible ; mais il est à remarquer que le Code a toujours extrêmement favorisé les cautions à raison de leurs bons offices.

Novation
faite par le
créancier
avec la
caution
elle-même.

Le Code ne s'est pas occupé de l'hypothèse où le créancier a fait novation avec la caution elle-même, hypothèse peu pratique, en effet. La novation ainsi opérée peut être faite d'une manière absolue ou d'une manière relative, *in rem* ou *in personam*.

Faite *in rem*, elle éteint la dette elle-même, et non pas seulement le cautionnement : le débiteur principal se trouve par suite libéré. Il est superflu de dire que ce cas est peu fréquent : on comprend qu'une caution ne se soucie guère de prendre sur elle seule tout le poids d'une dette qui grève un débiteur.

Faite *in personam*, la novation n'est qu'une remise du cautionnement : elle libère seulement la caution, en laissant le débiteur tenu de la dette, comme auparavant ; car l'obligation principale peut fort bien subsister sans l'obligation accessoire.

II

EFFET DE LA NOVATION A L'ÉGARD DES DÉBITEURS SOLIDAIRES.

Le créancier fait novation avec l'un des débiteurs solidaires. La novation étant équipollente au paiement, il s'ensuit que la dette est éteinte vis-à-vis de tous les codébiteurs (art. 1200) : celui-là seul qui a fait la novation reste tenu en vertu de l'obligation qu'il a contractée par cette nouvelle convention.

Toutefois, la novation peut être conditionnelle de la part du créancier : il peut exiger l'accession de tous les codébiteurs solidaires à la nouvelle obligation, comme il peut exiger que les cautions, libérées par l'effet même de la novation, accèdent à la dette novatrice. Et en présence de cette exigence, l'accession des codébiteurs ou des cautions devient une condition de la novation, de telle sorte que, si elle n'a pas lieu, l'ancienne créance subsiste. Si, au contraire, elle a lieu, les codébiteurs comme les cautions sont obligés personnellement à la nouvelle dette comme ils l'étaient à l'ancienne.

Ainsi, la solidarité qui garantissait l'ancienne dette s'en détache, pour ainsi dire, lors de la novation ; et elle ne peut être rattachée à l'obligation nouvellement créée qu'avec le consentement des codébiteurs de celui qui s'oblige en novant.

L'art. 1280 s'exprime ainsi : « Lorsque la novation s'opère entre le créancier et l'un des codébiteurs solidaires, les priviléges et hypothèques de l'ancienne créance ne peuvent être réservés que sur les biens de celui qui contracte la nouvelle dette. »

Le créancier qui nove ne peut-il pas se réserver ses priviléges et hypothèques sur les biens des codébiteurs solidaires ?

Cette rédaction est défectueuse. A prendre le texte à la lettre, il en résulterait que jamais, en aucun cas, le créancier ne peut se réserver les priviléges et hypothèques qui grèvent les biens des codébiteurs solidaires de celui qui nove. Or c'est là une idée complètement erronée. L'art. 1280 signifie seulement que le créancier qui consent la novation peut dire au débiteur qui s'oblige à nouveau : je nove, mais je veux que les hypothèques et priviléges qui portent sur vos biens soient affectés à la sûreté de ma nouvelle créance, comme ils l'étaient à la garantie de l'ancienne. Ce langage est conforme au droit ; le débiteur peut autoriser cette réserve ; il ne promet, ce faisant, que pour lui.

Mais l'erreur contre laquelle le Code a voulu prémunir

les parties, est celle dans laquelle on serait tombé si l'on avait cru que le fait, par le nouveau débiteur, d'accepter cette réserve, donnait aux garanties de la nouvelle créance autant d'extension qu'aux garanties de l'ancienne. Il n'en est rien ; cette adhésion du nouveau contractant vaut pour lui : ses biens seront grevés ; mais ceux de ses codébiteurs ne sauraient l'être sans leur consentement formel.

Cette disposition du législateur a donné lieu, au point de vue de l'utilité pratique, à des critiques qui semblent fondées. Dans ce cas, comme dans celui où l'on exige l'adhésion des cautions, rien ne serait changé à la position des débiteurs antérieurement engagés; la dette ne serait pas la même, sans doute, puisqu'il y a eu novation; mais les garanties qui seraient affectées à la sûreté de cette dette seraient les mêmes qui protégeaient la dette primitive; telles qu'elles existent, on les appliquerait à la nouvelle obligation; les codébiteurs solidaires ne seraient pas grevés d'une obligation plus considérable qu'auparavant. Cette disposition ne s'explique plus aussi bien que pour les cautions; car, s'il y a lieu de récompenser l'intervention charitable de celles-ci, le même motif ne s'applique pas à l'engagement des codébiteurs solidaires. Cependant, on ne peut s'empêcher de reconnaître que cette décision est conforme aux principes stricts du droit, qui font éteindre la solidarité avec la dette qu'elle garantissait.

Ainsi, pour nous résumer, le créancier qui nove peut stipuler du débiteur solidaire avec lequel il nove que ses biens, à lui débiteur, demeureront grevés du privilége ou de l'hypothèque qui garantissait l'ancienne créance.

Il peut, en outre, exiger des autres codébiteurs solidaires qu'ils donnent leur adhésion à cette novation, en demeurant codébiteurs solidaires de la nouvelle dette.

Il peut, enfin, ne nover qu'à la condition que tous les codébiteurs solidaires demeureront garants de la nouvelle obligation, et que les sûretés grevant leurs biens, garantiront la seconde créance comme elles garantissaient la première.

Reste une question à résoudre.

L'adhésion des codébiteurs solidaires à la nouvelle obligation entraîne-t-elle l'affectation à cette obligation des sûretés qui garantissaient l'ancienne?

Quand les codébiteurs solidaires accèdent à l'obligation nouvelle, ils contractent une obligation personnelle; cela est certain. Mais peut-on dire que cette accession rattache, par elle-même, à la nouvelle créance, les sûretés réelles qui protégeaient l'ancienne, à moins de déclaration contraire des codébiteurs?

Nous avons dit que le créancier pouvait expressément stipuler ces garanties réelles. Mais s'il ne les a pas réservées, sont-elles éteintes, ou bien l'adhésion des codébiteurs solidaires les fait-elle revivre par elle seule? — M. Larombière pense que les sûretés réelles subsistent par le seul fait que l'adhésion du codébiteur à la nouvelle dette a eu lieu. Mais cette opinion, qu'il expose sans d'ailleurs fournir aucune raison à l'appui de son dire, nous paraît des plus réfutables. Nous serions des premiers à l'admettre, si un lien quelconque rattachait l'obligation réelle à l'obligation personnelle, et les faisait dépendre l'une de l'autre. Mais c'est là précisément ce qui n'est pas; l'obligation vit fort bien sans hypothèque : celle-ci en assure seulement l'exécution sur un bien déterminé. Nous déciderons donc qu'à défaut de réserve expresse et de consentement de la part des codébiteurs solidaires, les garanties réelles ne sont pas rattachées à la nouvelle obligation produite par l'effet de la novation.

Que faut-il décider à l'égard des cautions solidaires ?

Il est certain que, si le créancier nove avec le débiteur principal, les cautions seront libérées ; elles le seront et en leur qualité de cautions, et en leur qualité de débiteurs solidaires.

Mais si le créancier fait novation avec une des cautions solidaires, quel principe appliquera-t-on ? Doit-on considérer la caution solidaire plutôt sous le caractère de caution que sous celui de codébiteur solidaire ?. Ou bien est-ce l'inverse ? Chaque système a ses partisans. Cependant, la majorité des auteurs se rallie aujourd'hui à la doctrine d'après laquelle la caution solidaire est, avant tout, une caution et non un codébiteur solidaire. La solidarité qu'elle contracte ne lui fait, en effet, perdre que le droit au bénéfice de discussion, et ne lui enlève point le caractère d'accessoire qui caractérise l'obligation de la caution.

Quand donc le créancier fait novation avec l'une des cautions solidaires, dans le seul but de la décharger du cautionnement, cette novation doit être restreinte au but que se sont proposé les parties, et ne libérer que la personne que vise la libéralité du débiteur.

Rappelons qu'il en serait autrement dans le cas où le but de la novation aurait été, non de décharger la caution de l'obligation du cautionnement, mais de nover la dette même, en la mettant à la charge de la caution. Dans cette hypothèse, le débiteur principal se trouverait libéré.

III

EFFET DE LA NOVATION A L'ÉGARD DES HYPOTHÈQUES ET PRIVILÉGES.

Art. 1278 : « Les priviléges et hypothèques de l'ancienne créance ne passent point à celle qui lui est substituée, à moins que le créancier ne les ait expressément réservés. »

Art. 1279 : « Lorsque la novation s'opère par la substitution d'un nouveau débiteur, les priviléges et hypothèques primitifs de la créance ne peuvent point passer sur les biens du nouveau débiteur. »

Ces deux articles prévoient chacun une hypothèse différente, relativement aux effets de la novation en ce qui concerne les priviléges et hypothèques. Il nous faut distinguer le cas où il y a changement de dette et le cas où il y a changement de débiteur.

ARTICLE PREMIER.

Changement de dette.

La novation d'une créance éteint les sûretés réelles qui la garantissaient.

Paul me doit cent mille francs à un titre quelconque. Nous faisons novation et convenons que cette créance est remplacée dès aujourd'hui par une créance de cent cinquante mille francs. — Ma première créance est éteinte ; éteintes avec elle les sûretés qui la garantissaient : nous l'avons vu pour le cautionnement et la solidarité ; il en est de même pour les priviléges et hypothèques, l'art. 1278 le déclare. Et, certes, rien n'est plus raisonnable ni plus juridique : la dette meurt, disparaît ; peut-on laisser subsister ses garanties ? Quelle serait la raison d'être de ces garanties ? L'accessoire n'existe pas sans le principal.

Mais le même article 1278 permet cependant au créancier de réserver expressément les priviléges et hypothèques qui assuraient l'exécution de la précédente obligation. C'est comme une sorte de subrogation des créances l'une à l'autre. Dans la subrogation, celui qui paie pour le débiteur acquiert les garanties, la créance du créancier qu'il a désintéressé. Ici, la créance qui remplace la précédente se met à ses lieu et place. Ces deux opérations, toutes deux contraires aux pures doctrines légales, ont la même raison d'être aux yeux du législateur : une raison d'utilité pratique. On a considéré que cette espèce de subrogation, comme la subrogation proprement dite, faciliterait beaucoup les transactions.

Mais le créancier, peut en novant réserver ces sûretés réelles.

Toutefois, la loi, en permettant cette exception aux principes, l'a permise dans des limites qui laissent intact le droit des tiers : ceux-ci sont pleinement sauvegardés, c'est-à-dire que leur situation reste la même que si la novation n'avait pas eu lieu.

La réserve des garanties réelles qui assuraient le paiement de la créance novée ne peut préjudicier aux droits des tiers.

En reprenant notre espèce de tout à l'heure, vous me devez cent mille francs ; nous convenons qu'en novant, vous m'en devrez cent cinquante mille. Mais comme ma créance était garantie par une hypothèque, je me réserve cette hypothèque, qui devra garantir ma nouvelle créance. Dans ces conditions, quelle sera l'étendue de l'hypothèque? cent mille ou cent cinquante mille francs? — Cent mille seulement ; sans quoi la position des autres créanciers, des tiers, serait aggravée. Pour cent mille francs, j'aurai une hypothèque inscrite à la date à laquelle je l'avais prise pour ma première créance; pour le surplus, je devrai prendre une inscription supplémentaire qui n'aura d'effet qu'à sa date.

La réserve des priviléges et hypothèques doit se faire dans l'acte qui opère novation.
Comment se fait cette réserve des priviléges et hypothèques? Faut-il décider, comme dans le cas de subrogation (art. 1250) qu'elle doit être faite en même temps que le paiement, c'est-à-dire que la novation ? Ou bien peut-elle avoir lieu à n'importe quel moment? — Pothier (Obligat., n° 599) exige qu'elle se fasse *par l'acte même qui contient la novation*. Notre Code est muet sur ce point, mais il ne peut s'élever de difficulté. La règle de Pothier doit encore être suivie, et la réserve des garanties réelles ne peut se faire qu'au moment même où l'on nove. Quoique, en effet, cette survie des priviléges et hypothèques n'ait lieu que par la puissance d'une fiction, il ne faut cependant pas pousser la fiction au delà de toutes les limites de la vraisemblance ; si l'on nove sans réserver les sûretés de la créance, ces sûretés seront éteintes ; et les faire revivre après coup, alors déjà que l'inscription prise aurait pu être radiée sur la réquisition d'un créancier postérieur, serait chose trop attentatoire à la stabilité des conventions pour que la loi pût l'autoriser.

La réserve des sûretés
Cette réserve peut avoir lieu dans la novation objec-

tive, c'est le cas que nous venons d'examiner. Elle peut aussi avoir lieu dans le cas de novation subjective par changement de créancier. Sans doute, dans cette hypothèse, le nouveau créancier se trouve avoir une hypothèque remontant à une date antérieure à la date de sa créance. Mais l'effet de la fiction est justement de rendre ce fait anormal possible. Les droits des tiers sont d'ailleurs parfaitement saufs : il n'y a que le nom du créancier qui change.

réelles peut-elle avoir lieu dans toute espèce de novations?

Quant à la novation subjective par changement de débiteur, nous l'étudierons dans l'article suivant.

L'art. 1278 exige que la réserve des priviléges et hypothèqnes soit faite expressément. — Notre Code ne consacrant nulle part une formule sacramentelle, aucun terme spécial n'est requis : il faut seulement que la volonté des parties soit formellement exprimée. Et cette exigence se comprend sans peine dans un acte si excep tionnel.

La réserve des sûretés réelles qui garantis-saient la créance novée doit être faite expressé-ment.

Toute espèce d'hypothèques peut-elle être réservée ? — L'art. 1278 étant général, l'affirmative s'impose. On peut donc réserver non-seulement l'hypothèque conventionnelle ou judiciaire, mais même l'hypothèque légale. Sans doute, c'est là une conséquence bizarre du principe, puisque l'hypothèque légale n'est fondée que sur la qualité du créancier, lequel est, aux yeux de la loi, dans l'incapacité de se protéger lui-même. Le créancier changeant, l'hypothèque devrait se perdre et disparaître. Mais l'art. 1278 permet d'en stipuler le maintien, en vue de l'utilité pratique.

Toute espèce d'hypothè-ques peut être réservée.

L'hypothèque peut-elle être réservée dans tous les

L'hypothèque peut-elle être

réservée dans
tous les cas ?

cas ? Ainsi, je vous ai hypothéqué mon immeuble en 1875, pour sûreté d'une dette de cent mille franc.s Puis, ayant la conviction que je relèverai mes affaires et que vous n'aurez point besoin, à l'échéance de la dette,. de vous prévaloir de votre hypothèque pour obtenir paiement, je vends mon bien à un tiers. En 1878, nous faisons novation en remplaçant la dette préexistante par une dette de cent-cinquante mille francs, et vous réservez votre hypothèque sur l'immeuble qu'elle grevait en garantie de la première dette. Cette réserve est-elle possible, maintenant que cet immeuble est aux mains d'un tiers détenteur ? Celui-ci ne pourra-t-il pas alléguer que pareil fait équivaut à une constitution nouvelle d'hypothèque, constitution impossible aujourd'hui, puisque le débiteur n'est plus propriétaire du bien qu'il affecte à sa dette ?

Cet argument n'a aucune solidité. Le tiers détenteur est un tiers, tout comme les créanciers hypothécaires qui ont pu prendre inscription dans l'intervalle des années 1875 à 1878. Sa situation demeure-t-elle la même qu'auparavant ? ses droits sont-ils maintenus tels qu'ils étaient ? Voilà tout ce qu'il y a à examiner. Dans l'espèce, la réponse est affirmative, évidemment. Il serait donc malvenu de se plaindre, et le débiteur pourrait lui opposer une fin de non-recevoir absolue.

On peut
réserver
même les
privilèges qui
garantis-
saient la
créance
novée.

L'art. 1278 permet de réserver même les priviléges qui garantissaient l'ancienne créance. C'est une disposition encore plus remarquable que celle qui autorise la réserve des hypothèques ordinaires. De même, en effet, que l'hypothèque légale est attachée à la qualité du créancier, de même le privilége est attaché à la qualité de la créance, et semblerait, par suite, devoir être uniquement attribué à une créance déterminée. C'est ce que pensait Taulier quand il disait : « La loi commet ici une erreur évidente, car tout privilége dérive de la nature de la créance, et, dès lors, une seconde créance, dont la nature est différente, ne peut pas hériter du privilége de la première. »

Pourtant la loi a permis la réserve des priviléges et leur affectation à la garantie d'une créance autre que la créance originaire. Le privilége du vendeur peut devenir la garantie d'un prêteur de deniers.

Peut-on justifier, par une fiction quelconque, cette transmission de sûretés, ou faut-il dire que la loi a commis ici un acte d'autorité que rien ne justifie, si ce n'est l'utilité des affaires ? — M. Demolombe croit pouvoir justifier la loi en appliquant à la réserve du privilége la raison que l'on donne pour la subrogation : à savoir que la créance novée n'est pas éteinte absolument et qu'elle est censée transmise. Il est des circonstances où la rigueur des principes doit céder entièrement aux besoins de la pratique. Nous en avons ici un exemple ; et pour notre compte, nous ne voyons pas quelle base scientifique on pourrait donner à cette réserve du privilége. Il suffit, pour qu'on ne puisse adresser de reproche à la loi, que cette réserve soit utile et ne lèse en rien les intérêts des tiers.

ARTICLE SECOND.

Changement de débiteur.

Un nouveau débiteur est tenu de la dette qui grevait anciennement Paul. Le voilà obligé personnellement. Mais l'ancienne créance était garantie par des sûretés réelles qui portaient sur les biens de Paul. Le nouveau débiteur va-t-il voir ses biens grevés de ces mêmes hypothèques ou priviléges ? L'art. 1279 répond négativement. Les sûretés réelles ne changent point ainsi de biens : elles ne passent point d'un immeuble à un autre parce que la dette passe d'une tête sur une nouvelle. Sans cela, les conventions ne présenteraient aucune stabilité. Et cette transmission de sûretés ne peut pas avoir lieu, même avec le consentement du nouveau débiteur. Celui-ci peut, si cela lui convient, consentir sur ses propriétés des sûretés réelles, qui auront effet à compter de la date de l'inscription, mais il ne saurait se charger des hypothèques et priviléges anciennement existants.

Pour donner toute sécurité au créancier, l'ancien débiteur peut aussi, en se déchargeant du fardeau de la dette, laisser subsister cependant sur ses biens les garanties réelles qui les grevaient. On peut, en effet, valablement hypothéquer ses biens à la dette d'autrui. Cette réserve des hypothèques qui le grèvent, faite par l'ancien débiteur au profit du créancier, n'a pas même besoin d'être consentie par acte notarié. L'art. 2127 ne prescrit cette formalité que pour le cas de constitution d'hypothèque ; or ici l'hypothèque est déjà constituée ; on ne la crée pas, on l'empêche seulement de s'éteindre.

Cette question n'a jamais fait de difficulté. Mais en voici une plus sérieuse,' qui a donné lieu à bien des systèmes. — Le créancier et le tiers qui s'oblige aux lieu et place du débiteur peuvent-ils, sans le consentement de ce derniér, réserver les hypothèques qui pèsent sur ses biens ?

Le créancier et le nouveau débiteur ne peuvent point, sans le consentement de l'ancien, réserver les sûretés qui grevaient les biens de celui-ci.

Nous ne pensons point que cette réserve puisse avoir lieu. Paul, en droit romain, professait la même opinion : « *rursus easdem res a posteriore debitore sine consensu prioris debitoris obligari non posse.* » Pothier enseigne la même doctrine dans son traité des Obligations (n° 599) : « le nouveau débiteur, dit-il, à qui les choses hypothéquées n'appartiennent pas, ne pouvant pas sans vous, à qui elles appartiennent, les hypothéquer à la nouvelle dette. »

Notre Code, en cette matière, a constamment suivi Pothier. En matière de cautionnement ; sur les questions de solidarité ; au point de vue des hypothèques qui grèvent les biens de ceux des débiteurs qui ne figurent point dans la nouvelle convention ; sur toutes ces questions, les solutions de notre loi sont les mêmes que celles du grand jurisconsulte. Pourquoi voudrait-on que, sur le point qui nous occupe, elle eût abandonné son guide ? Trouve-t-on, dans les textes, une ligne, un mot qui justifie cette idée ? La présente question est en tout semblable à celles que nous avons précédemment examinées ; la trancher autrement que celles-ci serait de la part du Code une anomalie dont rien ne nous autorise à admettre l'existence.

La comparaison des articles 1278, 1279 et 1280 four-

nit encore un argument en notre faveur. L'art. 1278
s'occupe de la novation par changement de créance :
ici la réserve des garanties réelles est permise au créancier ; et c'est justice, puisque le débiteur demeure le
même, et peut consentir ces sûretés pour garantir l'exécution de la deuxième dette. — Mais tout autre est l'hypothèse de l'art. 1279 : il prévoit le cas de changement de débiteur ; et, ici, la réserve des garanties réelles
de la première obligation ne peut résulter de la seule
convention intervenue à cet effet entre le créancier et le
nouveau débiteur. Sans doute, l'art. 1279 ne le dit pas
expressément ; mais cette conclusion découle nécessairement de l'art. 1280, où il est question de la novation
faite par le créancier avec l'un des débiteurs solidaires,
c'est-à-dire d'une novation par changement de débiteur.
Or, dans cette espèce, la loi déclare que « les priviléges
et hypothèques de l'ancienne dette ne peuvent être réservés que sur les biens de celui qui contracte la nouvelle dette. » Le créancier, en faisant novation avec
l'un des codébiteurs solidaires, ne peut donc réserver
les sûretés réelles portant sur les biens des autres débiteurs solidaires, qui garantissaient la dette qu'il nove :
il faut le consentement de ces débiteurs. — Et si pareille réserve ne peut être faite quand il s'agit de codébiteurs solidaires qui sont unis entre eux par un certain lien de mandat, comment pourrait-on vouloir qu'elle
fût possible quand il s'agit de deux débiteurs ordinaires,
complètement étrangers l'un à l'autre ?

Le système que nous soutenons nous paraît donc
s'imposer avec la dernière évidence, à moins de vouloir

- 1 -

mettre en contradiction mutuelle les art. 1279 et 1280.

Cependant des auteurs éminents, MM. Aubry et Rau, et surtout M. Demolombe, ont combattu cette doctrine avec énergie.

M. Demolombe, remontant jusqu'à Pothier, déclare que le système de ce jurisconsulte conduit aux conséquences les plus inadmissibles ; et ce, en se basant sur la phrase suivante, qu'il extrait du n° 599 (Obligat.) : « Observez, dit Pothier, que cette translation des hypothèques de l'ancienne créance à la nouvelle ne peut se faire qu'avec le consentement de la personne à qui les choses hypothéquées appartiennent. » Partant de là, M. Demolombe s'écrie que, dès lors, de l'avis même de Pothier, la translation de l'hypothèque de la première créance à la seconde est impossible dans le cas où l'immeuble hypothéqué appartient à un tiers détenteur, ou s'il y a des créanciers intermédiaires qui ont pris inscription. On aboutit ainsi, poursuit-il, non à une réserve d'hypothèque, mais à une constitution nouvelle ; or le Code déclare que c'est une réserve des sûretés réelles qu'il a organisée. Donc, conclut-il, le Code et Pothier sont en désaccord, et l'on ne peut se servir de l'un pour juger ce qu'a voulu dire l'autre.

Voilà toute l'argumentation du savant maître. Elle ne saurait nous faire changer d'avis. Le point de départ de M. Demolombe, dans sa réfutation du système que nous soutenons, est le suivant : On ne peut point, dit-il, invoquer l'autorité de Pothier pour défendre cette théorie, car Pothier n'a pas prévu la même hypothèse que le Code ; il a eu en vue la constitution d'une nouvelle hypothèque, tandis que les législateurs de 1804 ont organisé une réserve d'hypothèque. On ne peut, sans aller contre la raison, interdire au créancier et au nouveau débiteur de réserver, sans l'assentiment de l'ancien débiteur, les hypothèques qui grevaient l'ancienne dette, puisque cette réserve ne cause au débiteur primitif aucun préjudice.

— Si la loi a tort ou raison, nous le discuterons plus tard. Pour le moment, nous affirmons qu'elle exige l'adhésion du débiteur primitif à la réserve des sûretés qui garantissaient l'ancienne dette. Et nous affirmons que ce système était enseigné par Pothier, auquel le Code l'a emprunté. Pothier ne vise pas, comme le prétend M. Demolombe, le cas de constitution d'une hypothèque nouvelle; il envisage parfaitement le cas de réserve d'une hypothèque antérieurement existante : « le créancier, dit-il, peut, par l'acte même qui contient la novation, transférer à la nouvelle dette les hypothèques qui étaient attachées à la première. » Et plus loin, établissant son système, il s'exprime ainsi : « La translation de l'hypothèque de vos biens attachée à votre dette de 1760 ne peut se faire à la nouvelle dette de 1770, si vous n'intervenez pas à l'acte pour la consentir; le nouveau débiteur à qui les choses hypothéquées n'appartiennent pas, ne pouvant pas, sans vous à qui elles appartiennent, les hypothéquer à la nouvelle dette. » Ces paroles révèlent toute la pensée de Pothier. Le jurisconsulte n'a jamais envisagé le cas où le bien hypothéqué serait aux mains d'un tiers détenteur. Qu'eût-il décidé s'il avait prévu cette hypothèse? Aurait-il décidé, comme le dit M. Demolombe, que l'ancien débiteur lui-même ne pouvait consentir la réserve des hypothèques? Cela nous paraît peu vraisemblable. Selon toute probabilité, il aurait considéré qu'il pouvait consentir cette réserve, le bien n'appartenant au tiers détenteur que sous cette restriction qu'il est grevé d'une hypothèque, laquelle pourra être un jour invoquée contre le détenteur. Quoi qu'il en soit, cette hypothèse ne s'est point présentée à son esprit. Le Code ne s'en est pas davantage préoccupé; mais l'interprète des textes peut la trancher dans ce sens, avec la certitude que cette solution est en harmonie avec notre loi.

Nous persistons donc à penser que, dans le cas de novation par changement de débiteur, le créancier et le nouveau débiteur qui s'engage ne peuvent pas, sans le consentement de l'ancien débiteur, réserver, pour la garantie de la dette nouvellement créée, les sûretés qui protégeaient l'ancienne obligation.

Cette disposition de la loi est-elle regrettable? M. Marcadé la trouve fort naturelle. M. Delvincourt va plus loin : il pense que la loi ne pouvait faire autrement, et, pour l'établir, il entreprend de démontrer qu'un débiteur qui n'est plus tenu personnellement ne peut plus l'être réellement, doctrine que ce n'est point ici le lieu de réfuter.

M. Mourlon, au contraire, déplore, tout en s'inclinant devant la volonté du législateur, qu'il ait cru devoir édicter cette disposition : « Si j'avais à faire la loi, dit-il, j'autoriserais cette réserve ; car, d'une part, elle ne causerait aucun préjudice à l'ancien débiteur, et, d'autre

part, les biens d'un tiers peuvent valablement être hy-
pothéqués à la dette d'autrui. »

Cette opinion doit rallier à elle tous ceux qui, sans
trouver la loi irréprochable, ont cependant souci de l'observer : *dura lex, sed lex.*

POSITIONS

Droit romain.

I. — Le contrat *litteris* ne peut opérer novation.

II. — L'adjonction ou la suppression d'un *sponsor* ne peut opérer novation.

III. — La novation conditionnelle purge la demeure du débiteur.

IV. — Quand, une novation intervenant, on veut réserver les hypothèques qui garantissent la première dette, au moyen d'un pacte fait *in continenti*, ce pacte n'exige point l'adhésion du propriétaire des biens grevés.

Droit français.

I. — L'adjonction d'un terme à une obligation n'opère pas novation.

II. — En cas de ·novation d'une dette valable par une dette annulable, celle-ci étant plus tard annulée, la première obligation revit.

III. — Dans le cas où le créancier d'une somme d'argent, qui a reçu un immeuble en paiement, vient à en être évincé, il recouvre son ancienne créance contre le débiteur, si celui-ci n'était pas propriétaire de l'immeuble par lui donné en paiement, et que ce soit ce défaut de qualité qui ait entraîné l'éviction.

IV. — Dans le cas de novation par changement de débiteur, le créancier et le nouveau débiteur ne peuvent point, sans le consentement de l'ancien débiteur, réserver les sûretés qui grevaient les biens de celui-ci.

V. — Le délégataire qui, dans les cas prévus par l'art.,

1276, a recours contre le délégant, son ancien débiteur, n'a point contre lui son ancienne action : il reçoit de la loi une action nouvelle.

Droit criminel.

I. — L'action publique contre la femme adultère ne peut être intentée que sur la plainte du mari ; mais une fois cette plainte déposée, l'action suit son cours tant que le mari ne l'arrête pas en usant du droit que lui confère l'art. 337 C. P.

II. — Quand un individu accusé de bigamie, excipe de la nulité de son premier ou de son second mariage (nullité autre, bien entendu, que celle qui résulte de la coexistence du premier), la question soulevée n'est point une question préjudicielle ; le tribunal répressif est com-compétent pour en connaître.

Droit constitutionnel.

I. — Le scrutin d'arrondissement assure mieux la re-présentation nationale, et observe mieux les règles du suffrage universel que le scrutin de liste.

II. — De ce que les pouvoirs exécutif et législatif doivent être distincts, il ne faut pas conclure qu'on doive les mettre en opposition réciproque, comme l'a fait la Constitution américaine.

Vu par le Président,

H. MABIRE.

Vu : Lyon, le 1ᵉʳ février 1882.

Le Doyen de la Faculté,

E. CAILLEMER.

Vu et permis d'imprimer :

Lyon, le 1ᵉʳ février 1882.

Le Recteur,

E. CHARLES.

TABLE

DROIT ROMAIN

PREMIÈRE PARTIE

Novation dans le droit ancien.

DEUXIÈME PARTIE

Novation sous Justinien.

TROISIÈME PARTIE

Effets de la novation.

QUATRIÈME PARTIE

Capacité requise pour nover.

APPENDICE

DROIT FRANÇAIS

Imprimerie Générale de Lyon, rue Condé, 30. — J.-E. Albert.